# 教科書ガイド

教科書の内容がすべてわかる

東京書籍版

ニューホライズン

エレメンタリー

完全準拠

5年

あすとろ出版

## 『教科書ガイド』ってどんな本？

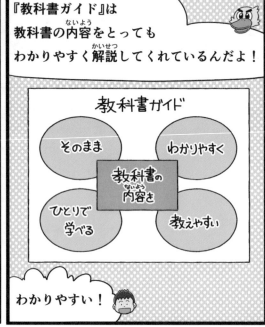

# 『教科書ガイド』東京書籍版 英語編

*教科書『NEW HORIZON Elementary』(東京書籍)の別冊。英単語が豊富にのっています。

3

# 教科書ガイドの使い方

## Unitのページ

　この教科書ガイドでは、二次元コードからアクセスできる教科書の動画・音声のスクリプト（放送文）の重要な部分とその日本語を示しているよ。また、教科書の問題の解答・解答例ものせているよ。教科書の内容をしっかりと理解し、自信をもって授業に取り組めるようになろう。

教科書と同じ動画・音声にアクセスできるよ。

スクリプトと日本語だよ。
すべて覚えなくても大丈夫。
Unitの重要な表現を確認しよう。

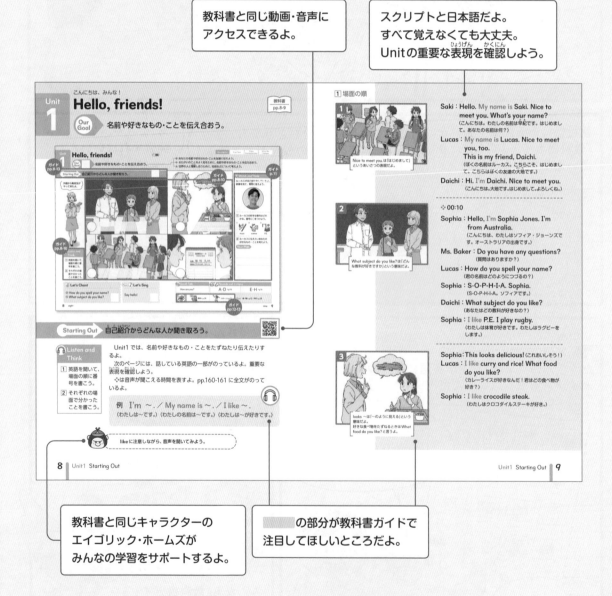

教科書と同じキャラクターのエイゴリック・ホームズがみんなの学習をサポートするよ。

　　　　　　の部分が教科書ガイドで注目してほしいところだよ。

中学英語につながる内容を ポイント で示しているよ。

教科書にリンクする別冊『My Picture Dictionary』*の単語と音声をのせているよ。

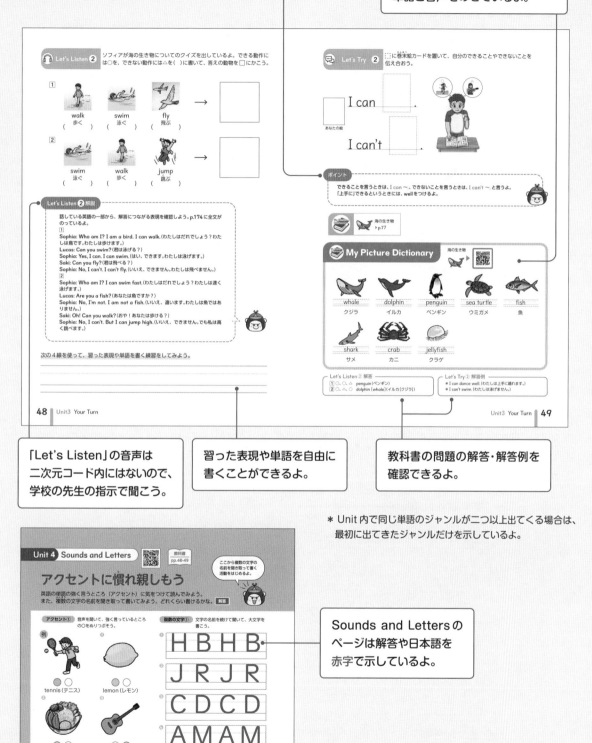

🔊 Let's Listen ② ソフィアが海の生き物についてのクイズを出しているよ。できる動作には〇を、できない動作には△を（ ）に書いて、答えの動物を□にかこう。

① walk（歩く） swim（泳ぐ） fly（飛ぶ） →
② swim（泳ぐ） walk（歩く） jump（跳ぶ） →

Let's Listen ②解説

話している英語の一部から、解答につながる表現を確認しよう。p.174に全文がのっているよ。
①
Sophia: Who am I? I am a bird. I can walk.（わたしはだれでしょう？わたしは鳥です。わたしは歩けます。）
Lucas: Can you swim?（君は泳げる？）
Sophia: Yes, I can. I can swim.（はい、できます。わたしは泳げます。）
Saki: Can you fly?（君は飛べる？）
Sophia: No, I can't. I can't fly.（いいえ、できません。わたしは飛べません。）
②
Sophia: Who am I? I can swim fast.（わたしはだれでしょう？わたしは速く泳げます。）
Lucas: Are you a fish?（あなたは魚ですか？）
Sophia: No, I'm not. I am not a fish.（いいえ、違います。わたしは魚ではありません。）
Saki: Oh! Can you walk?（おや！あなたは歩ける？）
Sophia: No, I can't. But I can jump high.（いいえ、できません。でも私は高く跳べます。）

次の4線を使って、習った表現や単語を書く練習をしてみよう。

48 Unit3 Your Turn

💬 Let's Try ② □に巻末絵カードを置いて、自分のできることやできないことを伝え合おう。

あなたの絵
I can ___ .
I can't ___ .

ポイント
できることを言うときは I can 〜、できないことを言うときは、I can't 〜 と言うよ。「上手に」できるというときには、well をつけるよ。

📖 海の生き物 ▶p.17

📖 My Picture Dictionary    海の生き物

whale クジラ  dolphin イルカ  penguin ペンギン  sea turtle ウミガメ  fish 魚
shark サメ  crab カニ  jellyfish クラゲ

Let's Listen ② 解答
① 〇、△、〇 penguin（ペンギン）
② 〇、△、〇 dolphin（whale）（イルカ〔クジラ〕）

Let's Try ② 解答例
● I can dance well.（わたしは上手に踊れます。）
● I can't swim.（わたしは泳げません。）

Unit3 Your Turn 49

「Let's Listen」の音声は二次元コード内にはないので、学校の先生の指示で聞こう。

習った表現や単語を自由に書くことができるよ。

教科書の問題の解答・解答例を確認できるよ。

* Unit 内で同じ単語のジャンルが二つ以上出てくる場合は、最初に出てきたジャンルだけを示しているよ。

Unit 4 Sounds and Letters    教科書 pp.48-49
ここから複数の文字の名前を聞き取って書く活動をはじめるよ。

アクセントに慣れ親しもう

英語の単語の強く言うところ（アクセント）に気をつけて読んでみよう。また、複数の文字の名前を聞き取って書いてみよう。どれくらい書けるかな。 解答

アクセント① 音声を聞いて、強く言っているところの〇をぬりつぶそう。
例
tennis（テニス）  lemon（レモン）
salad（サラダ）  guitar（ギター）

アクセント② 音声を聞いて、強く言っているところの〇をぬりつぶそう。

複数の文字① 文字の名前を続けて聞いて、大文字を書こう。
HBHB
JRJR
CDCD
AMAM

複数の文字② 文字の名前を続けて聞いて、大文字を書こう。

Sounds and Letters のページは解答や日本語を赤字で示しているよ。

## ● Over the Horizon

　教科書の各 Unit の最後にある Over the Horizon の解答・解答例を示しているよ。スクリプト（英語の放送文）と日本語は巻末を参考にしよう。

## ● スクリプト（英語の動画・音声の放送文）

　教科書ガイドで解説をしている動画・音声のスクリプトと日本語を示しているよ。音声の内容を確認することで、学習の役に立てよう。すべてを覚えなくても問題ないよ。

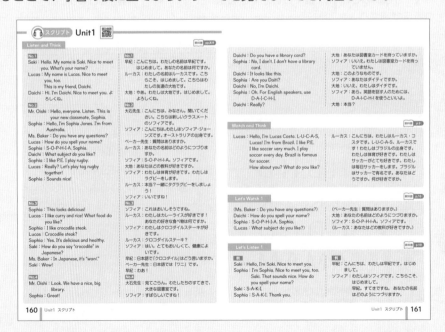

# もくじ

＊スクリプトとは、英語の動画・音声の放送文
（読み上げ文）のことです。資料では、スク
リプトの日本語訳も付けています。

### ※二次元コードの動画・音声について

利用にはインターネットを使います。保護者のかたとインターネットを使うときの約束を確かめておきましょう。

### 〈保護者のみなさまへ〉

コンテンツは無料で使えますが、通信費は別に発生することがあります。

### ※「Let's Listen」音声について

著作権等の関係により、二次元コード音声に入っていません。音声は授業などで先生の指示にしたがって聞くようにしてください。

## Unit 1

### Hello, friends!

**Our Goal** 名前や好きなもの・ことを伝え合おう。

ガイド pp.8-13

| Starting Out | Your Turn | Enjoy Communication | Over the Horizon |

## Unit 1

### Hello, friends!

**Our Goal** 名前や好きなもの・ことを伝え合おう。

● あなたの名前や好きなもの・ことを友達に伝えよう。
◆ おたがいのことをよく知るために、名前や好きなもの・ことを伝え合おう。
★ 世界の人と理解し合うために、名前などについて考えよう。

**Starting Out** 自己紹介からどんな人か聞き取ろう。

外国から転校生が
やって来たよ。

ガイド pp.8-10

ガイド p.11

**Watch and Think**
ルーカスが自己紹介をしているよ。映像を見て、質問に答えよう。

1 ルーカスの好きな教科はどれかな。番号に○をつけよう。
① music ② science ③ P.E.

2 ルーカスに伝えたいあなたの好きなもの・ことを考えよう。
**Your Plan**

ガイド pp.8-10

**Listen and Think**
1 英語を聞いて、場面の順に番号を書こう。
2 それぞれの場面で分かったことを書こう。

図書室カード
Library Card
番号: 田村 大地
NAME: TAMURA DAITI

**Let's Chant**
① How do you spell your name?
② What subject do you like?

[Plus1] **Let's Sing**
Say hello!

**Small Talk**
How are you?

**Sounds and Letters**
A〜D ▶p.16    E〜H ▶p.16

教科▶p.28    スポーツ▶p.11    Plus! 食べ物▶p.12 / 学校▶p.28

8  eight

ガイド pp.12-13

nine 9

**Starting Out** 自己紹介からどんな人か聞き取ろう。

**Listen and Think**

1 英語を聞いて、場面の順に番号を書こう。

2 それぞれの場面で分かったことを書こう。

　Unit1 では、名前や好きなもの・ことをたずねたり伝えたりするよ。

　次のページには、話している英語の一部がのっているよ。重要な表現を確認しよう。

　❖は音声が聞こえる時間を表すよ。pp.160-161 に全文がのっているよ。

> 例 I'm 〜 . ／ My name is 〜 . ／ I like 〜 .
> （わたしは〜です。）（わたしの名前は〜です。）（わたしは〜が好きです。）

likeに注意しながら、音声を聞いてみよう。

Nice to meet you.は「はじめまして」というあいさつの表現だよ。

Saki : Hello. My name is Saki. Nice to meet you. What's your name?
（こんにちは。わたしの名前は早紀です。はじめまして。あなたの名前は何？）

Lucas : My name is Lucas. Nice to meet you, too.
This is my friend, Daichi.
（ぼくの名前はルーカス。こちらこそ、はじめまして。こちらはぼくの友達の大地です。）

Daichi : Hi. I'm Daichi. Nice to meet you.
（こんにちは。大地です。はじめまして。よろしくね。）

-----------------------------------------

❖ 00:10

What subject do you like?は「どんな教科が好きですか」という意味だよ。

Sophia : Hello, I'm Sophia Jones. I'm from Australia.
（こんにちは、わたしはソフィア・ジョーンズです。オーストラリアの出身です。）

Ms. Baker : Do you have any questions?
（質問はありますか？）

Lucas : How do you spell your name?
（君の名前はどのようにつづるの？）

Sophia : S-O-P-H-I-A. Sophia.
（S-O-P-H-I-A。ソフィアです。）

Daichi : What subject do you like?
（あなたはどの教科が好きなの？）

Sophia : I like P.E. I play rugby.
（わたしは体育が好きです。わたしはラグビーをします。）

-----------------------------------------

Sophia : This looks delicious!（これおいしそう！）

Lucas : I like curry and rice! What food do you like?
（カレーライスが好きなんだ！君はどの食べ物が好き？）

Sophia : I like crocodile steak.
（わたしはクロコダイルステーキが好き。）

looks ～は「～のように見える」という意味だよ。
好きな食べ物をたずねるときはWhat food do you like?と言うよ。

4

have は「～を持っている、～がある」という意味だよ。

Mr. Oishi : Look. We have a nice, big library.
（見てごらん。わたしたちのすてきで、大きな図書室です。）

Sophia : Great! （すごい！）

Daichi : Do you have a library card?
（あなたは図書室のカード持っている？）

Sophia : No, I don't. I don't have a library card.
（いいえ。わたしは図書室のカードを持っていないわ。）

Daichi : It looks like this. （このようなものだよ。）

Sophia : Are you Daiti?（あなたはダイティなの？）

Daichi : No, I'm Daichi. （いや、ぼくはダイチ。）

Sophia : Oh. For English speakers, use D-A-I-C-H-I.
（あら。英語を話す人のためには D-A-I-C-H-I を使うといいよ。）

Daichi : Really? （本当？）

分かったことをメモしよう

2 分かったこと 解答例

**1** 早紀が自分の名前を言って、ルーカスの名前を聞いている。ルーカスは自分の名前を言って大地を紹介している。大地が自己紹介している。

**2** ソフィアが自己紹介している。ルーカスはソフィアに名前のつづり、大地は好きな教科をたずねて、ソフィアが答えている。

**3** ルーカスはカレーライスが好きだと言って、ソフィアの好きな食べ物をたずねている。ソフィアはクロコダイルステーキが好きだと答えている。

**4** 大地がソフィアに図書室のカードを持っているかをたずねている。ソフィアは持っていないと答えている。ソフィアが大地の図書館のカードを見て、大地のつづりは英語では D-A-I-C-H-I を使うといいと教える。

話している英語の一部から、重要な表現を確認しよう。

❖は音声が聞こえる時間を表すよ。p.161 に全文がのっているよ。

**Watch and Think**

ルーカスが自己紹介をしているよ。映像を見て、質問に答えよう。

Lucas：Hello, I'm Lucas Costa.
（こんにちは、ぼくはルーカス・コスタです。）

❖ 00:18
I like P.E. I like soccer very much. I play soccer every day. Brazil is famous for soccer.
How about you? What do you like?

（ぼくは体育が好きです。ぼくはサッカーがとても好きです。ぼくは毎日サッカーをします。ブラジルはサッカーで有名です。あなたはどうですか？何が好きですか？）

1 ルーカスの好きな教科はどれかな。番号に○をつけよう。

①
music

②
science

③
P.E.

2 ルーカスに伝えたいあなたの好きなもの・ことを考えよう。

**Your Plan**

like に注意しながら、映像を見よう。

① music 音楽　② science 理科　③ P.E. 体育

次ページの My Picture Dictionary の単語も参考にしながら、好きなもの・ことを考えてみよう。

My Picture Dictionary

教科 ▶ p.28

スポーツ ▶ p.11

— **Watch and Think 解答例** —

1 ③
2 I like English. I like baseball very much. （わたしは英語が好きです。野球が大好きです。）

**My Picture Dictionary**

教科  ▶

English
英語

Japanese
国語

calligraphy
書道

social studies
社会

math
算数

science
理科

music
音楽

arts and crafts
美術

home economics
家庭科

P.E.
体育

moral education
道徳

period for integrated studies
総合的な学習の時間

スポーツ  ▶

▶ I play baseball. わたしは野球をします。

baseball
野球

basketball
バスケットボール

volleyball
バレーボール

dodgeball
ドッジボール

rugby
ラグビー

soccer
サッカー

tennis
テニス

table tennis
卓球

badminton
バドミントン

cricket
クリケット

▶ I do gymnastics. わたしは体操をします。

gymnastics
体操

track and field
陸上競技

judo
柔道

kendo
剣道

sumo
相撲

▶ I'm good at swimming. わたしは水泳が得意です。

| swimming | skateboarding | skiing |
|---|---|---|
| 水泳 | スケートボード | スキー |

| fencing | road cycling | sailing | weightlifting |
|---|---|---|---|
| フェンシング | ロードサイクリング | セーリング | 重量挙げ |

| figure skating | ice hockey | boccia | wheelchair tennis |
|---|---|---|---|
| フィギュアスケート | アイスホッケー | ボッチャ | 車いすテニス |

**ポイント**

「わたしは〜が得意だ」はI'm good at 〜.と言うよ。

次の４線を使って、習った表現や単語を書く練習をしてみよう。

教科書 pp.10-11

Let's Watch ❶ ソフィアたちは名前のつづりについてどのような会話をしているのかな。

p.9 の会話をふりかえってみよう。

❖ 00:03

Daichi：How do you spell your name?
（君の名前はどのようにつづるの？）

Sophia：S-O-P-H-I-A. Sophia.
（S-O-P-H-I-A、ソフィアです。）

ガイド p.9 の会話を思い出そう。How do you spell ～ ？でつづり方をたずねていたね。

Let's Listen ❶ 早紀たちの会話を聞いて、聞こえた名前のつづりを○で囲もう。

例

| C | B | A | Z | Y | X | W |
|---|---|---|---|---|---|---|
| D | S | A | K | I | A | V |
| E | O | I | S | H | I | U |
| F | C | O | S | T | A | T |
| G | E | J | O | N | E | S |
| H | W | B | A | K | E | R |
| I | L | U | C | A | S | Q |
| J | K | L | M | N | O | P |

1

2

## Let's Listen ❶ 解説

話している英語の一部から、解答につながる表現を確認しよう。**pp.161-162**に全文がのっているよ。

1⃣
Sophia: How do you spell your name?（あなたの名前はどのようにつづるの？）
Lucas: L-U-C-A-S.（L-U-C-A-Sだよ。）

2⃣
Lucas: How do you spell it?（それはどのようにつづるの？）
Sophia: J-O-N-E-S. Jones.（J-O-N-E-S。ジョーンズよ。）

---

 **Let's Try ❶** 名前のつづりをたずね合って、友達の名前を書こう。

A-K-I-N-A. Akina.

How do you spell your name?

（君の名前はどのようにつづるの？）

A-K-I-N-A. Akina.

（A-K-I-N-A。アキナよ。）

| | 名前 |
|---|---|
| あなた | |
| 友達 | |

---

## ポイント

つづりについてたずねるとき、How do you spell ～? と言うよ。Howは「どのように」という意味を表すよ。
つづりを答えるときは、**A-K-I-N-A**のように1字1字のアルファベットを言うよ。

---

┌─ Let's Listen① 解答 ─
1⃣ LUCAS
2⃣ JONES

┌─ Let's Try① 解答例 ─
● NAOTO（直人）
● KENTA（健太）
● RISA（リサ）
● KANA（加奈）

😀 Let's Watch ❷　ソフィアたちは好きな教科についてどのような会話をしているのかな。

❖ 00:02

Lucas：What subject do you like?
（君はどの教科が好きなの？）

Sophia：I like P.E.
（わたしは体育が好き。）

What subject 〜?と言っているから「教科」をたずねているんだね。

🎧 Let's Listen ❷　ソフィアが好きな教科やスポーツについてたずねているよ。それぞれの人物の好きな教科やスポーツを線で結ぼう。

| 1 | 2 | 3 |
|---|---|---|
| Daichi 大地 | Saki 早紀 | Lucas ルーカス |

P.E.
体育

English
英語

science
理科

soccer
サッカー

rugby
ラグビー

Let's Listen ❷ 解説

話している英語の一部から、解答につながる表現を確認しよう。pp.162-163に全文がのっているよ。

1
Sophia: What subject do you like?（あなたはどの教科が好きなの？）
Daichi: I like science.（ぼくは理科が好き。）

2
Sophia: Do you like P.E.?（あなたは体育が好き？）
Saki: No, I don't. I don't like P.E. I like English.（いいえ。わたしは体育が好きじゃない。わたしは英語が好き。）

3
Sophia: What sport do you like?（あなたはどのスポーツが好き？）
Lucas: I like soccer!（ぼくはサッカーが好き！）

16　Unit1　Your Turn

**Let's Try ②** 好きな教科やスポーツなどをたずね合おう。

What subject do you like?

（あなたはどの教科が好きなの？）

I like P.E.

（ぼくは体育が好きだよ。）

| | 名前 | 好きな教科やスポーツなど |
|---|---|---|
| あなた | | |
| 友達 | | |
| | | |
| | | |
| | | |

好きな教科をたずねるときは、**What subject do you like?** と言うよ。**What subject** で「どの教科」という意味になるよ。
好きなスポーツをたずねるときは、**What sport do you like?** と言うよ。**What sport** で「どのスポーツ」という意味になるよ。
答えるときは、**I like ～.** と言うよ。「～」の部分に教科やスポーツを表す単語を入れよう。

— Let's Listen ② 解答 ————
1 science
2 English
3 soccer

— Let's Try ② 解答例 ————
● I like math.（わたしは算数が好きです。）
● I like baseball.（わたしは野球が好きです。）

次の4線を使って、習った表現や単語を書く練習をしてみよう。

**Step 1** 😮💬 これまでの学習をふり返って、ロビンソン先生からの質問に答えよう。

Mr. Robinson

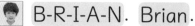
How do you spell your name?
（君の名前はどのようにつづるの？）

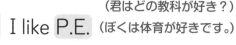
B-R-I-A-N. Brian.
（B-R-I-A-N です。ブライアン。）

What subject do you like?
（君はどの教科が好き？）

色がついている部分を入れかえてみよう。

I like P.E.（ぼくは体育が好きです。）

> 自分の名前のつづりを言うときは、1字1字アルファベットで言うことを思い出そう。**What subject do you like?** は好きな教科をたずねる言い方だったね。**I like 〜.** で答えよう。

**Step 2** 💬✏️ 「名刺カード」を作り、名前やつづり、好きなもの・ことなどをペアで伝え合おう。　巻末コミュニケーションカード

例

BRIAN

●好きな教科

●好きなスポーツ

●

Memo

あまり好きでないものも伝えてみよう。

表現例

❶ I don't like P.E.（わたしは体育は好きではありません。）

❷ Do you like math?（あなたは算数が好きですか？）

会話を続ける表現例

I see.（なるほど。）

単語例

スポーツ▶p.11　食べ物▶p.12　動物▶p.16　教科▶p.28

自分の名前を大文字でていねいに書こう。

（例）AKIHIKO

あなたの「好きなもの・こと」を左下にメモしよう。表現例の意味も確認しておこう。

自己紹介 解答例

My name is Ken. I like P.E. I don't like science. I like basketball very much.
(ぼくの名前はケンです。ぼくは体育が好きです。ぼくは理科が好きではありません。ぼくはバスケットボールがとても好きです。)

## Step 2 単語例

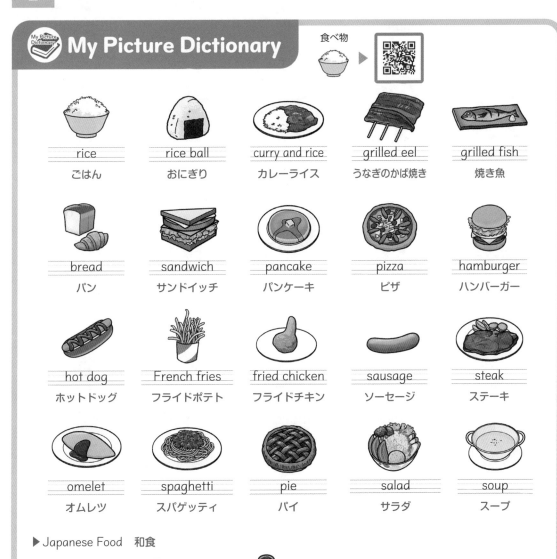

**My Picture Dictionary**　食べ物

| | | | | |
|---|---|---|---|---|
| rice | rice ball | curry and rice | grilled eel | grilled fish |
| ごはん | おにぎり | カレーライス | うなぎのかば焼き | 焼き魚 |
| bread | sandwich | pancake | pizza | hamburger |
| パン | サンドイッチ | パンケーキ | ピザ | ハンバーガー |
| hot dog | French fries | fried chicken | sausage | steak |
| ホットドッグ | フライドポテト | フライドチキン | ソーセージ | ステーキ |
| omelet | spaghetti | pie | salad | soup |
| オムレツ | スパゲッティ | パイ | サラダ | スープ |

▶Japanese Food　和食

| | | | | | |
|---|---|---|---|---|---|
| fried noodles | ramen | soba | beef bowl | sushi | tempura |
| 焼きそば | ラーメン | ソバ | 牛どん | すし | 天ぷら |

動物

bear

クマ

elephant

ゾウ

tiger

トラ

lion

ライオン

horse

馬

zebra

シマウマ

camel

ラクダ

giraffe

キリン

gorilla

ゴリラ

monkey

サル

orangutan

オランウータン

panda

パンダ

koala

コアラ

dog

犬

cat

ネコ

fox

キツネ

rabbit

ウサギ

mouse

ネズミ

crocodile

ワニ

snake

ヘビ

frog

カエル

bird

鳥

「名刺カード」を使って、
たくさんの友達と自己紹介し合おう。

月　　日

B-R-I-A-N. Brian.
（B-R-I-A-N。
ブライアンだよ。）

（こんにちは。）Hello.

See you.（じゃあね。）

例

はじまりの
あいさつを
しよう。

自己紹介をしよう。
（名前やつづり、好きなもの・ことなどをたずね合おう。）

終わりの
あいさつを
しよう。

Brian : Hello. I'm Brian. Nice to meet you.
（こんにちは。わたしはブライアンです。はじめまして。）

Akina : Hello. I'm Akina. Nice to meet you, too.
How do you spell your name?
（こんにちは。わたしは明菜です。こちらこそ、はじめまして。あなたの名前はどの
ようにつづるの？）

Brian : B-R-I-A-N. Brian. （B-R-I-A-N。ブライアンです。）

Akina : B-R-I-A-N. I see. What subject do you like?
（ B-R-I-A-N だね。そうなの。あなたはどの教科が好き？）

Brian : I like P.E. （ぼくは体育が好きだよ。）

Akina : Oh, I don't like P.E. But I like math. Do you like math?
（あら、わたしは体育は好きじゃない。でもわたしは算数が好き。あなたは算数が好き？）

Brian : I like math, too. （ぼくは算数も好きだよ。）

Akina : Great! See you. （すばらしい！じゃあ。）

二次元コードから見られる映
像を参考にして、会話で気を
つけたいことをメモしよう。

| Before | 会話で気をつけたいこと | After | 活動のふり返り |
|---|---|---|---|

Tips　カードを使って、ていねいに自分の名前のつづりを伝えよう。

会話で気をつけたいこと 解答例
● はじまりのあいさつをする
●「名刺カード」を見せて、名前やつづりを伝える
● 好きなもの・ことを伝える
● 聞き手は名前のつづりや好きなもの・ことについて質問をして、理解を深める

見本を見ながら、ていね
いに書いてみよう。最後は
BINGOにチャレンジ！

左利きの人は右はしのなぞり
書きの文字も参考にしよう。

# 大文字を身につけよう

アルファベットの大文字を学習するよ。
文字の形に気をつけて、名前を言いながら書いていこう。

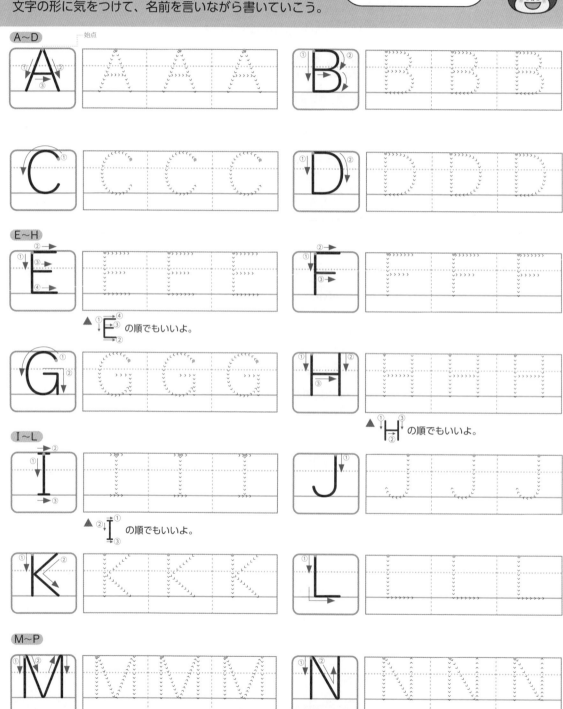

## 文字を書くときの注意点

### 4線のよび方

第1線 →
第2線 →
第3線（基線）→
第4線 →

始点からスタートして矢印の
方向に書くと書きやすいよ。

大文字は第1線から第3線の間に書くよ。

- 書き出しの位置である始点（・）、書き順（①、②…）、方向（→）に注意しよう。
- 大文字は C、G、S 以外はすべて第1線からはじまるよ。第3線（基線）より下には行かないね。
- 書き順は目安だよ。

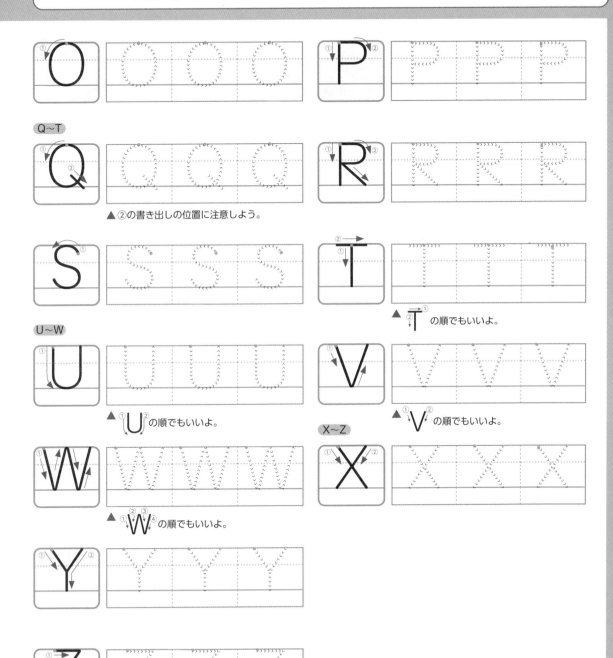

▲ ②の書き出しの位置に注意しよう。

▲ T の順でもいいよ。

Q～T

U～W

▲ U の順でもいいよ。

▲ V の順でもいいよ。

X～Z

▲ W の順でもいいよ。

たんじょう び
誕生日おめでとう！

# Happy birthday!

教科書
pp.18-19

**Our Goal** 誕生日やほしいものを伝え合おう。

---

**Starting Out** 誕生日やほしいものを聞き取ろう。

🎧 **Listen and Think**

1 英語を聞いて、場面の順に番号を書こう。

2 それぞれの場面で分かったことを書こう。

Unit2 では、誕生日やほしいものをたずねたり伝えたりするよ。

ひょうげん かくにん
次のページには、話している英語の一部がのっているよ。重要な表現を確認しよう。

pp.166-167 に全文がのっているよ。

> 例　When is your birthday? ／ What do you want?
> （あなたの誕生日はいつ？）　　（あなたは何がほしいの？）
>
> My birthday is 〜 . ／ I want 〜 .
> （わたしの誕生日は〜です。）（〜がほしいです。）

birthday、want に注意しながら、音声を聞いてみよう。

## 1 場面の順

free は「空いている、ひまな」という意味だよ。

Sophia : Are you free on Sunday, May 5th?（5月5日の日曜日は空いている？）

Lucas : Yes. But why?（うん。でもどうして？）

Sophia : It's my birthday.
Can you come to my party?
（わたしの誕生日なの。パーティーに来られる？）

Lucas : Sure. I'm free.（もちろん。ぼくは空いている。）

Daichi : I'm free, too.（ぼくも空いているよ。）

Saki : Me, too.（わたしも。）

Sophia : Wow! I'm so happy! Thank you!
（わーい！とてもうれしいわ！ありがとう！）

------------------------------------------------

What do you want for ～? は「～に何がほしいですか」という意味だよ。
I want ～「～がほしい」と答えるよ。

Lucas : When is your birthday?
（君の誕生日はいつ？）

Daichi : My birthday is June 19th.
（ぼくの誕生日は6月19日だよ。）

Lucas : What do you want for your birthday?（あなたは誕生日に何がほしい？）

Daichi : I want a new tablet.
（新しいタブレットがほしいな。）

Lucas : A tablet . . . ?
I want a cool pencil case for my birthday.
（タブレット…？ぼくは誕生日にかっこいい筆箱がほしいな。）

------------------------------------------------

looks ～は「～のように見える」という意味だよ。
a good cook は「料理が上手な人」という意味だよ。

Ruby : Welcome, everyone. I'm Sophia's mother. Nice to meet you.
（ようこそ、みなさん。わたしはソフィアの母です。はじめまして。）

All : Nice to meet you, too!
（こちらこそ、はじめまして。）

Daichi : Wow! It looks delicious.
（わあ！とてもおいしそうです。）

Lucas : Is that crocodile steak?
（あれはワニ肉ステーキ？）

Sophia : No. It's beef. My mother is a good cook!
（いいえ。牛肉よ。わたしのお母さんは料理が上手なのよ！）

**4**

Here you are. は「さあどうぞ」の意味で人に物を手わたすときに言うよ。

Sophia : Ah . . . !（わあ…！）

Saki : How many candles?（ロウソクは何本？）

Daichi : One, two, three, four, five, six, seven, eight, nine, ten, eleven. OK.
（1、2、3、4、5、6、7、8、9、10、11。よし。）

Ruby : Blow them out!（ふき消して！）

All : Happy birthday!（誕生日おめでとう！）

Sophia : Ha-ha!（笑い声）

Saki : This is for you. Here you are.
（これをあなたに。はい、どうぞ。）

Sophia : Wow! A nice birthday card!
（わあ！すてきな誕生日カード！）

Lucas : And . . . we have another present for you.
（そして…君にもう一つプレゼントです。）

Sophia : What's this? Wow! A cool rugby sticker! Thank you so much!
（これは何？わあ！かっこいいラグビーのシール！本当にありがとう！）

Saki, Daichi, and Lucas : You're welcome!
（どういたしまして！）

---

分かったことをメモしよう

---

2 分かったこと 解答例

1 ソフィアが5月5日の日曜日は空いているか聞いて、誕生日パーティーにさそっている。ルーカス、大地、早紀は空いていると言っている。

2 ルーカスは大地に誕生日がいつかを聞いて、誕生日に何がほしいかたずねている。大地は新しいタブレットがほしいと言い、ルーカスはかっこいい筆箱がほしいと言っている。

3 ソフィアのお母さんがみんなを出むかえている。ソフィアがお母さんは料理が上手だと言っている。

4 ソフィアがケーキのロウソクをふき消した後に、早紀、ルーカス、大地がソフィアに誕生日のプレゼントをわたしている。

😮 **Watch and Think**

ソフィアが誕生日プレゼントなどについて話しているよ。映像を見て、質問に答えよう。

1 ソフィアが話していたスポーツはどれかな。番号に○をつけよう。

① baseball   ② rugby   ③ soccer

2 ソフィアに伝えたいあなたが誕生日にほしいものを考えよう。

**Your Plan**

話している英語の一部から、重要な表現を確認しよう。

❖は音声が聞こえる時間を表すよ。p.167に全文がのっているよ。

Sophia：Hi, I'm Sophia.
This rugby sticker is a present from my friends! I'm so happy!
（こんにちは、わたしはソフィアです。このラグビーのシールはわたしの友達からのプレゼントです！とてもうれしい！）

❖ 00:46
**What do you want for your birthday?**
（あなたは誕生日に何がほしいですか？）

Whatに注意しながら、映像を見よう。

① baseball 野球　② rugby ラグビー　③ soccer サッカー

次ページのMy Picture Dictionaryの単語も参考にしながら、誕生日やほしいものを考えてみよう。

 1月 月▶p.18　 **1st** 日付▶p.18

Watch and Think 解答例

1 ②
2 My birthday is June 7th. I want a new bag for my birthday.
（わたしの誕生日は6月7日です。わたしは誕生日に新しいバッグがほしいです。）

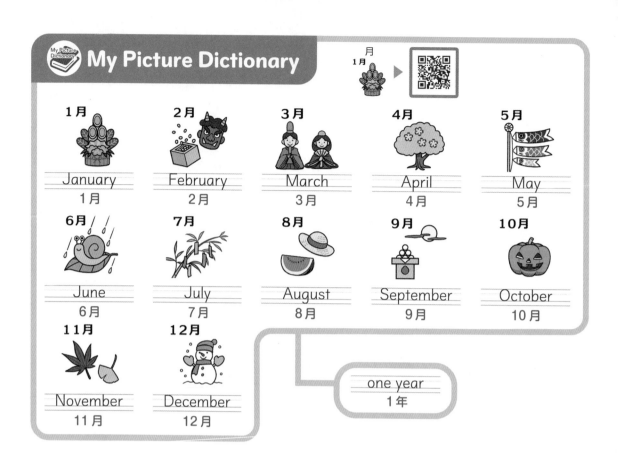

| | | | | |
|---|---|---|---|---|
| 1月 | 2月 | 3月 | 4月 | 5月 |
| January | February | March | April | May |
| 1月 | 2月 | 3月 | 4月 | 5月 |
| 6月 | 7月 | 8月 | 9月 | 10月 |
| June | July | August | September | October |
| 6月 | 7月 | 8月 | 9月 | 10月 |
| 11月 | 12月 | | | |
| November | December | | | |
| 11月 | 12月 | | | |

one year
1年

次の4線を使って、習った表現や単語を書く練習をしてみよう。

日付
**1st** ▶

| Sunday 日曜日 | Monday 月曜日 | Tuesday 火曜日 | Wednesday 水曜日 | Thursday 木曜日 | Friday 金曜日 | Saturday 土曜日 |
|---|---|---|---|---|---|---|
| **1st** 1日 | **2nd** 2日 | **3rd** 3日 | **4th** 4日 | **5th** 5日 | **6th** 6日 | **7th** 7日 |
| **8th** 8日 | **9th** 9日 | **10th** 10日 | **11th** 11日 | **12th** 12日 | **13th** 13日 | **14th** 14日 |
| **15th** 15日 | **16th** 16日 | **17th** 17日 | **18th** 18日 | **19th** 19日 | **20th** 20日 | **21st** 21日 |
| **22nd** 22日 | **23rd** 23日 | **24th** 24日 | **25th** 25日 | **26th** 26日 | **27th** 27日 | **28th** 28日 |
| **29th** 29日 | **30th** 30日 | **31st** 31日 | | | | |

ポイント

日付は「数」のone、twoなど
とはちがう言い方をするよ。

教科書
pp.20-21

 Let's Watch ❶ 大地たちは誕生日についてどのような会話をしているのかな。

p.25 の会話をふりかえってみよう。

Lucas：When is your birthday?
（君の誕生日はいつ？）

Daichi：My birthday is June 19th.
（ぼくの誕生日は 6 月 19 日だよ。）

ガイドp.25の会話を思い出そう。When is your birthday? で誕生日をたずねていたね。

 Let's Listen ❶ ソフィアたちの会話を聞いて、それぞれの人物の誕生日を線で結ぼう。

| 1 | 2 | 3 |

Mr. Oishi
大石先生

Saki
早紀

Lucas
ルーカス

May
5月

August
8月

November
11月

December
12月

**1**st
1日

**2**nd
2日

**3**rd
3日

**4**th
4日

**11**th
11日

**25**th
25日

話している英語の一部から、解答につながる表現を確認しよう。p.168 に全文がのっているよ。

1
Sophia: When is your birthday?（誕生日はいつですか？）
Mr. Oishi: My birthday is November 3rd.（わたしの誕生日は11月3日です。）
2
Sophia: When is your birthday?（誕生日はいつ？）
Saki: My birthday is December 25th.（わたしの誕生日は12月25日よ。）
3
Sophia: When is your birthday?（誕生日はいつ？）
Lucas: My birthday is August 11th.（ぼくの誕生日は8月11日だよ。）

## Let's Try 1 　誕生日をたずね合って、誕生日チェーンを作ろう。

（あなたの誕生日はいつなの？）
（ぼくの誕生日は5月5日だよ。）

When is your birthday?

My birthday is May 5th.

新たに知ったことを書こう。

## ポイント

日にちについてたずねるとき、When 〜? と言うよ。When は「いつ」という意味を表すよ。
答えるときは My birthday is 〜. のように言うよ。〜には「日付」がくるよ。

**Let's Listen① 解答**
1 November 3rd
2 December 25th
3 August 11th

**Let's Try① 解答例**
● Naoto's birthday is January 21st.
（直人の誕生日は1月21日です。）
● Kenta's birthday is July 9th.
（健太の誕生日は7月9日です。）
● Risa's birthday is October 2nd.
（リサの誕生日は10月2日です。）

Lucas：What do you want for your birthday?
（君は誕生日に何がほしい？）

Daichi：I want **a new tablet.**
（新しいタブレットがほしいな。）

ほしいものをたずねるときは、**What do you want?** と言うよ。

🎧 Let's Listen ② 　ソフィアたちの会話を聞いて、それぞれの人物がほしいものを線で結ぼう。

1
Saki
早紀

2
Lucas
ルーカス

3
Ms. Baker
ベーカー先生

dictionary
辞書

comic book
マンガ本

ticket
チケット

guitar
ギター

soccer shoes
サッカー
シューズ

## Let's Listen ❷ 解説

話している英語の一部から、解答につながる表現を確認しよう。pp.168-169に全文がのっているよ。

1

Sophia: What do you want for your birthday, Saki?
（早紀、あなたは誕生日に何がほしい？）
Saki: I want an English-Japanese dictionary.（わたしは英和辞典がほしい。）

2

Sophia: What do you want for your birthday?（誕生日に何がほしい？）
Lucas: I want new soccer shoes for my birthday!
（ぼくは誕生日に新しいサッカーシューズがほしいな。）

3

Sophia: What do you want for your birthday, Ms. Baker?
（ベーカー先生、あなたは誕生日に何がほしいですか？）
Ms. Baker: I want a concert ticket.（わたしはコンサートのチケットがほしいわ。）

## 💬 Let's Try ❷　誕生日にほしいものをたずね合おう。

 What do you want for your birthday?
（君は誕生日に何がほしい？）

 I want new shoes.
（わたしは新しい靴がほしい。）

| 名前 | ほしいもの |
|---|---|
| あなた | |
| 友達 | |
| | |
| | |

## ポイント

ほしいものをたずねるときは、What do you want? と言うよ。want は「〜がほしい」という意味だよ。
答えるときは、I want 〜. と言うよ。「〜」の部分にほしいものを表す単語を入れよう。

---

**Let's Listen ② 解答**

1 dictionary
2 soccer shoes
3 ticket

**Let's Try ② 解答例**

● new pants（新しいズボン）
● a cool T-shirt（かっこいいTシャツ）
● a smartphone（スマートフォン）

あなただけの「プレゼントカード」をわたして、友達に喜んでもらおう。

教科書 pp.22-23

## Step 1

😮 🗣 これまでの学習をふり返って、ディーパからの質問に答えよう。

Deepa

👧 When is your birthday? （あなたの誕生日はいつ？）

👦 My birthday is July 7th. （ぼくの誕生日は 7 月 7 日だよ。）

👧 What do you want for your birthday?
（あなたは誕生日に何がほしい？）

👦 I want a new bike. （ぼくは新しい自転車がほしい。）

誕生日を言うときは、月名→日付の順に言うよ。**What do you want?** はほしいものをたずねる言い方だったね。**I want 〜.** で答えよう。

## Step 2

🗣 ✏ 好きなもの・ことなどを伝え合ったあと、その友達におくる「プレゼントカード」を作ろう。

巻末コミュニケーションカード

| | おくる相手 | おくりたいもの |
|---|---|---|
| 例  HAPPY BIRTHDAY! Original Present | | |
| Month July Date 7th | おくる相手 | おくりたいもの |
| | Memo | |

**表現例**

❶ What is it? （何ですか？）

❷ You like bikes.
（あなたは自転車が好きです。）

これまで学習した表現も使えるよ。

**会話を続ける表現例**

It's my turn. （わたしの番です。）
It's your turn. （あなたの番です。）

**単語例**

 My Picture Dictionary

1月 　月▶p.18

1st　日付▶p.18

　身の回りのもの▶p.30

　状態▶p.33

月や日付、友達の名前などをていねいに書こう。

(例) Akihiko　(例) a pen　(例) May 1st

あなたが「おくりたいもの」を左下にメモしよう。表現例の意味も確認しておこう。

誕生日とほしいもの 解答例
My birthday is April 20th. I want a new watch for my birthday.
（わたしの誕生日は4月20日です。誕生日には新しい腕時計がほしいです。）

単語例

## My Picture Dictionary

身の回りのもの

| bag かばん | bat バット | glove グローブ | racket ラケット | soccer shoes サッカーシューズ |
| umbrella かさ | glass コップ | mug マグカップ | textbook 教科書 | comic book マンガ本 |
| dictionary 辞書 | present プレゼント | treasure 宝物 | sticker ステッカー | ticket チケット |
| watch 腕時計 | TV テレビ | computer コンピューター | smartphone スマートフォン | tablet タブレット |
| desk 机 | chair いす | bed ベッド | | |

状態

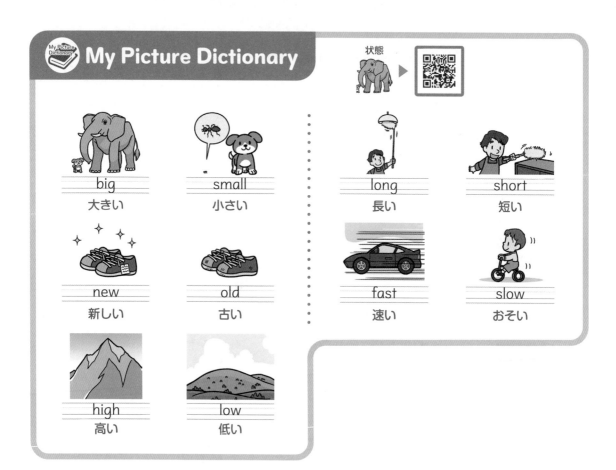

big 大きい

small 小さい

long 長い

short 短い

new 新しい

old 古い

fast 速い

slow おそい

high 高い

low 低い

**Your Goal** 友達の誕生日などを確認しながら、「プレゼントカード」をおくり合おう。　　月　　日

（はい、どうぞ。）Here you are.　　Thank you.（ありがとう。）

（こんにちは。）Hello.

Thank you.（ありがとう。）

例　はじまりのあいさつをしよう。　▶　「プレゼントカード」をおくろう。（誕生日や誕生日にほしいものを確認しよう。）　▶　お礼を言おう。

**Deepa**：Hello.（こんにちは。）

**Genki and Nanami**：Hello.（こんにちは。）

**Deepa**：When is your birthday?（あなたの誕生日はいつ？）

**Genki**：My birthday is **July 7th.**（ぼくの誕生日は 7 月 7 日。）

**Deepa**：What do you want for your birthday?（あなたは誕生日に何がほしい？）

**Genki**：I want **a new bike.**（ぼくは新しい自転車がほしい。）

**Deepa**：Oh, I see. This is my present card for you. Here you are.
（あら、そうなの。これはあなたへのプレゼントカードです。はい、どうぞ。）

**Genki**：Thank you. What is it?（ありがとう。何ですか？）

**Deepa**：It's a bike T-shirt. You like bikes.
（自転車のTシャツ。あなたは自転車が好きだから。）

**Genki**：Great. Thanks!（すごい。ありがとう！）

**Nanami**：Now it's my turn. This is my present card for you. Here you are.（今度はわたしの番ね。これはあなたへのプレゼントカードです。はい、どうぞ。）

**Genki**：Thank you.（ありがとう。）

二次元コードから見られる映像を参考にして、会話で気をつけたいことをメモしよう。

| Before 会話で気をつけたいこと | After 活動のふり返り |
|---|---|
| | |
| | |
| | |

Tips カードを相手に見せたりしながら、心をこめてわたそう。

┌─ 会話で気をつけたいこと 解答例 ─
● はじまりのあいさつをする
● 相手の誕生日をたずねたり、自分の誕生日を伝えたりする
● 誕生日にほしいものをたずねたり、伝えたりする
● 「プレゼントカード」を見せて、おくりたいものを伝える

教科書
pp.26-27

小文字の高さをくらべてみよう

a　b　g

１階建て　２階建て　地下１階つき

# 小文字を身につけよう

英語で使用される文字のほとんどが小文字だよ。
小文字は形や高さがさまざまだから、時間をかけて練習しよう。

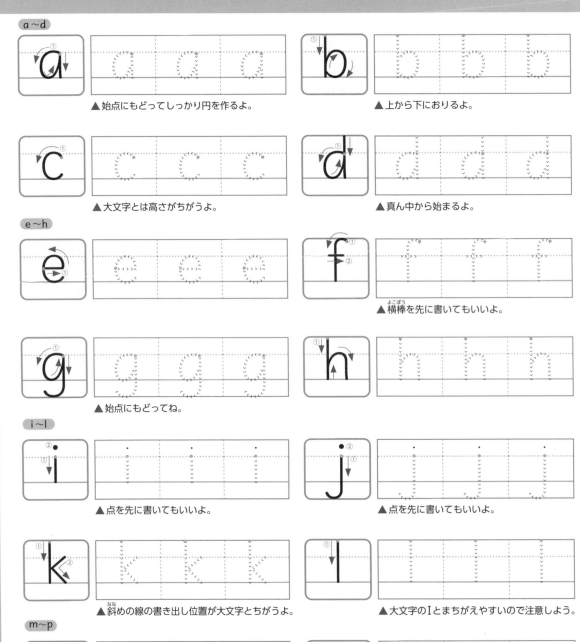

a～d

▲始点にもどってしっかり円を作るよ。

▲上から下におりるよ。

▲大文字とは高さがちがうよ。

▲真ん中から始まるよ。

e～h

▲横棒を先に書いてもいいよ。

▲始点にもどってね。

i～l

▲点を先に書いてもいいよ。

▲点を先に書いてもいいよ。

▲斜めの線の書き出し位置が大文字とちがうよ。

▲大文字のIとまちがえやすいので注意しよう。

m～p

▲おりた線をたどって上がるよ。

●左の建物の絵を見ながら、下の文字を見てみよう。さまざまな高さの文字があるね。

abcdefghijklmnopqrstuvwxyz

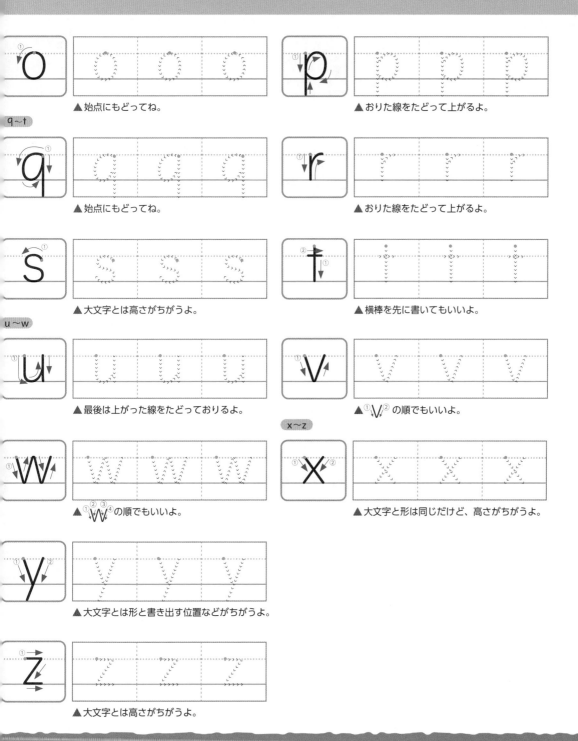

q~t

▲ 始点にもどってね。

▲ おりた線をたどって上がるよ。

▲ 始点にもどってね。

▲ おりた線をたどって上がるよ。

▲ 大文字とは高さがちがうよ。

▲ 横棒を先に書いてもいいよ。

u~w

▲ 最後は上がった線をたどっておりるよ。

▲ v の順でもいいよ。

x~z

▲ w の順でもいいよ。

▲ 大文字と形は同じだけど、高さがちがうよ。

▲ 大文字とは形と書き出す位置などがちがうよ。

▲ 大文字とは高さがちがうよ。

あなたはドッジボールができる？

# Can you play dodgeball?

教科書
pp.28-29

**Our Goal** できることを伝え合おう。

---

**Starting Out** だれがどのようなことができるか聞き取ろう。

**Listen and Think**

1 英語を聞いて、場面の順に番号を書こう。

2 それぞれの場面で分かったことを書こう。

Unit3 では、できることをたずねたり伝えたりするよ。

次のページには、話している英語の一部がのっているよ。重要な表現を確認しよう。

pp.171-172 に全文がのっているよ。

例 Can you 〜 ？ ／ I can 〜 . ／ I can't 〜 .
（あなたは〜ができますか？）（〜ができます。）（〜ができません。）

canに注意しながら、音声を聞いてみよう。

enjoyは「〜を楽しむ」という意味だよ。

Mr. Oishi：Good morning, Ms. Baker. How are you?
（おはようございます、ベーカー先生。元気ですか。）

Ms. Baker：I'm great. Look. The children are having fun.
（とても元気です。見て。子供たちが楽しんでいます。）

Mr. Oishi：Oh, yeah. They like playing dodgeball. Do you enjoy our class?
（ええ、そうですね。彼らはドッジボールをするのが好きなんです。わたしたちのクラスは楽しいですか？）

Ms. Baker：Yes, I like it a lot.
（ええ、とても好きです。）

------------------------------------------------

Here we go!は「さあ、行くぞ！」という意味だよ。

Lucas：Can you catch this?
（これを受け止められるかな？）

Daichi：Yes, I can. Come on!
（できるさ。さあ来い！）

Lucas：Here we go! （行くぞ！）
Daichi：Ugh! （うっ！）
Lucas：Yay! （やったー！）
Daichi：Oh, no. Ah... （はぁ、だめか。ああ。）

------------------------------------------------

play dodgeballは「ドッジボールをする」という意味だよ。They're playing 〜だと「〜をしている」という意味になるよ。

Sophia：You can play the recorder well.
（あなたはリコーダーが上手にふけるのね。）

Saki：Thank you. Can you play the recorder?
（ありがとう。あなたはリコーダーがふける？）

Sophia：No, I can't. I can't play the recorder. But I can play the piano. Can you play the piano?
（いいえ、できないの。わたしはリコーダーがふけない。でもピアノはひけるよ。あなたはピアノがひける？）

Saki：Yes, I can. Look! They're playing dodgeball.
（うん、ひける。見て！彼らはドッジボールをしているよ。）

Sophia：It looks like fun. （楽しそう。）

Don't ～.は「～しないで、～してはだめ」という禁止を表すよ。

**Daichi：We're late!**
（遅刻だ！）

**Lucas：I can run fast!**
（ぼくは速く走れるぜ！）

**Ms. Baker：Don't run! Lucas, Daichi, stop!**
（走らないで！ルーカス、大地、止まりなさい！）

**Lucas and Daichi：Oh, sorry.**
（ごめんなさい。）

**Mr. Oishi：Look at this poster!**
（このポスターを見なさい！）

**Lucas and Daichi：I'm sorry.**
（ごめんなさい。）

――― 分かったことをメモしよう ―――

――― ② 分かったこと 解答例 ―――

**1** ベーカー先生と大石先生が、子どもたちが楽しそうにドッジボールをしているのを見ている。大石先生がクラスは楽しいかたずねると、ベーカー先生は大好きだと答えている。

**2** ルーカスが大地にドッジボールのボールを受けられるかたずねると、大地はできると答えている。

**3** ソフィアが早紀にリコーダーを上手にふけるねと言っている。早紀がソフィアにリコーダーがふけるかとたずねると、ソフィアはふけないと答え、ピアノならひけると答えている。

**4** 大地とルーカスが遅刻しそうになって走ろうとしているところをベーカー先生に止められる。大石先生がポスターを見るように言うと大地とルーカスは謝る。

次の４線を使って、習った表現や単語を書く練習をしてみよう。

😮 Watch and Think

ベーカー先生が自分のできることについて話しているよ。映像を見て、質問に答えよう。

1 ベーカー先生が上手にできるスポーツは何かな。番号に○をつけよう。

① baseball　② soccer　③ tennis

2 ベーカー先生に伝えたいあなたができることを考えよう。

Your Plan ▶

話している英語の一部から、重要な表現を確認しよう。

❖は音声が聞こえる時間を表すよ。pp.172-173に全文がのっているよ。

❖ 00:23

Ms. Baker：I like baseball very much. I can play baseball well. I can throw a ball.
I can catch a ball. I can hit a ball. Let's play baseball together someday!
Now, it's your turn! Tell me about you! What do you like? What can you do?

（わたしは野球がとても好きです。わたしは野球が上手にできます。わたしはボールを投げることができます。わたしはボールをとることができます。わたしはボールを打つことができます。いつかいっしょに野球をしましょう！今度はあなたの番です。あなたについて教えてください。あなたは何が好きですか？あなたは何ができますか？）

can に注意しながら、映像を見よう。

① baseball　② soccer　③ tennis
　　野球　　　　サッカー　　　テニス

次ページの My Picture Dictionary の単語も参考にしながら、できることを考えてみよう。

 動作など▶p.22　 楽器▶p.29

Watch and Think 解答例
1 ①
2 I like music very much. I can play the piano well.（わたしは音楽がとても好きです。わたしはピアノを上手にひけます。）

動作など  ▶

spell
つづる

like
好きである

listen
聞く

Unit 2

want
ほしい

play
〈スポーツなどを〉する

walk
歩く

run
走る

dance
踊る

jump
跳ぶ

catch
とる、つかまえる

swim
泳ぐ

fly
飛ぶ

sing
歌う

cook
料理する

Unit 5

have
持っている

go
行く

turn
向きを変える、
曲がる

see
見る、
目を向ける

look
見る、
目を向ける

Unit 6

drink
飲む

eat
食べる

buy
買う

次の４線を使って、習った表現や単語を書く練習をしてみよう。

楽器

| recorder | harmonica | triangle | piano | guitar |
|----------|-----------|----------|-------|--------|
| リコーダー | ハーモニカ | トライアングル | ピアノ | ギター |

| violin | drum | xylophone | keyboard harmonica |
|--------|------|-----------|--------------------|
| バイオリン | 太鼓 (たいこ) | 木琴 (もっきん) | 鍵盤ハーモニカ (けんばん) |

ポイント

「楽器をひく」というときは play the piano のように、楽器の単語の前に the をつけるよ。

教科書 pp.30-31

 **Let's Watch** ソフィアたちはできることについてどのような会話をしているのかな。

p.41 ページの会話をふりかえってみよう。

**Saki**：Can you **play the recorder**?
（あなたはリコーダーがふける？）

**Sophia**：No, I can't. I can't **play the recorder**. But I can **play the piano**.
（いいえ、できないの。わたしはリコーダーがふけない。でもピアノはひけるよ。）

ガイド **p.41** の会話を思い出そう。**Can you 〜?** でできるかどうかたずねていたね。**I can 〜.** は「わたしは〜ができる」、**I can't 〜.** は「わたしは〜はできない」という意味だよ。

 **Let's Listen 1** 大石先生が、ルーカスとソフィアに何ができるのかをたずねているよ。できることには○を、できないことには△を（　）に書こう。

1

**Lucas**
ルーカス

cook
料理する
（　　　　）

play dodgeball
ドッジボールをする
（　　　　）

play soccer
サッカーをする
（　　　　）

2

**Sophia**
ソフィア

play the guitar
ギターをひく
（　　　　）

play the recorder
リコーダーをふく
（　　　　）

play the piano
ピアノをひく
（　　　　）

**Let's Listen ❶ 解説**

話している英語の一部から、解答につながる表現を確認しよう。p.173に全文がのっているよ。

1
Mr. Oishi: Can you cook well, Lucas?（あなたは料理が上手にできる、ルーカス？）
Lucas: No, I can't.（いいえ、できません。）
Mr. Oishi: Can you play dodgeball?（あなたはドッジボールができる？）
Lucas: Yes, I can.（はい、できます。）
Mr. Oishi: And you can play soccer, too.（そしてあなたはサッカーもできるね。）
Lucas: Yes, I can! I can play soccer well!（はい、できます。ぼくはサッカーが上手にできます！）

2
Mr. Oishi: Can you play the guitar?（あなたはギターがひける？）
Sophia: No, I can't. I can't play the guitar.（いいえ、できません。わたしはギターをひけません。）
Mr. Oishi: Can you play the recorder?（あなたはリコーダーをふけるかな？）
Sophia: No, I can't.（いいえ、できません。）
Mr. Oishi: But you can play the piano, right?（でもあなたはピアノはひける、そうでしょう。）
Sophia: Yes! I can play the piano well!（はい！わたしはピアノが上手にひけます。）

 **Let's Try ❶** Let's Listen ① の 6 つの絵の動作についてたずね合って、友達のできることを書こう。

Can you play the piano?
（あなたはピアノがひける？）

Yes, I can. / No, I can't.
（うん、ひけるよ／いいえ、ひけないよ）

| 名前 | できること |
|---|---|
| あなた | |
| 友達 | |
| | |
| | |

**ポイント**

できるかどうかたずねるときは、Can you 〜? と言うよ。
できるときは、Yes, I can.、できないときは No, I can't. と答えるよ。

── Let's Listen① 解答 ──
1 △、○、○
2 △、△、○

── Let's Try① 解答例 ──
● Naoto can play the guitar, but he can't play the piano.
　（直人はギターがひけますが、彼はピアノはひけません。）
● Lisa can't play soccer, but she can cook well.
　（リサはサッカーができませんが、料理は上手にできます。）

Let's Listen ❷　ソフィアが海の生き物についてのクイズを出しているよ。できる動作には○を、できない動作には△を（　）に書いて、答えの動物を□にかこう。

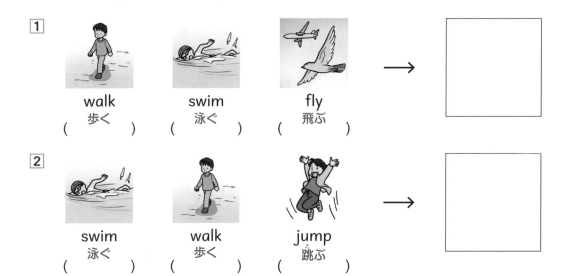

1

walk
歩く
（　　　　）

swim
泳ぐ
（　　　　）

fly
飛ぶ
（　　　　）

2

swim
泳ぐ
（　　　　）

walk
歩く
（　　　　）

jump
と
跳ぶ
（　　　　）

Let's Listen ❷ 解説

話している英語の一部から、解答につながる表現を確認しよう。p.174 に全文が
のっているよ。

1
Sophia: Who am I? I am a bird. I can walk.（わたしはだれでしょう？わた
しは鳥です。わたしは歩けます。）
Lucas: Can you swim?（君は泳げる？）
Sophia: Yes, I can. I can swim.（はい、できます。わたしは泳げます。）
Saki: Can you fly?（君は飛べる？）
Sophia: No, I can't. I can't fly.（いいえ、できません。わたしは飛べません。）
2
Sophia: Who am I? I can swim fast.（わたしはだれでしょう？わたしは速く
泳げます。）
Lucas: Are you a fish?（あなたは魚ですか？）
Sophia: No, I'm not. I am not a fish.（いいえ、違います。わたしは魚ではあ
りません。）
Saki: Oh! Can you walk?（おや！あなたは歩ける？）
Sophia: No, I can't. But I can jump high.（いいえ、できません。でも私は高
く跳べます。）

次の４線を使って、習った表現や単語を書く練習をしてみよう。

**Let's Try ②**　[　]に巻末絵カードを置いて、自分のできることやできないことを伝え合おう。

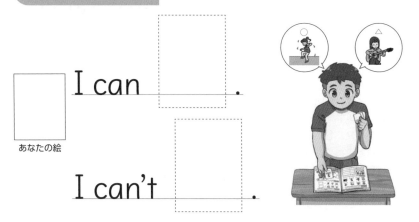

I can _____ .

あなたの絵

I can't _____ .

---

**ポイント**

できることを言うときは、I can 〜., できないことを言うときは、I can't 〜. と言うよ。
「上手に」できるというときには、**well** をつけるよ。

  海の生き物
▶p.17

---

## 📖 My Picture Dictionary

海の生き物  ▶

whale
クジラ

dolphin
イルカ

penguin
ペンギン

sea turtle
ウミガメ

fish
魚

shark
サメ

crab
カニ

jellyfish
クラゲ

---

**Let's Listen ② 解答**
1 ○、○、△　penguin（ペンギン）
2 ○、△、○　dolphin [whale]（イルカ[クジラ]）

**Let's Try ② 解答例**
● I can dance well.（わたしは上手に踊れます。）
● I can't swim.（わたしは泳げません。）

できることを伝え合って、
おたがいのことをよく知ろう。

 教科書 pp.32-33

## Step 1

😮 🗨 これまでの学習をふり返って、七海と会話をしよう。

Nanami

You can swim fast, Nanami.
（七海、君は速く泳げるね。）
Can you swim fast?
（あなたは速く泳げる？）
No, I can't. （いや、できないよ。）

I can't swim fast. （ぼくは速く泳げない。）

Can you ～?はできるかどうかをたずねる言い方だったね。できるときはYes, I can.、できないときはNo, I can't.と答えよう。

## Step 2

🗨 ✏ 「できることカード」を作り、できることをペアで伝え合おう。
あなたが伝えたい、友達ができることも考えよう。

巻末
コミュニケーション
カード

| | あなた | できること | Memo |
|---|---|---|---|
| 例 **I can** _____. swim fast Name **Tsuda Nanami** | 友達 | | |

*自分で絵をかいたり、巻末絵カードをはったりしよう。

### 表現例

❶ Yes, I can. （はい、できます。）

❷ That's OK. （気にしないで。）

Good!などのリアクションもしよう。

### 単語例

My Picture Dictionary

スポーツ▶p.11　　動作など▶p.22　　楽器▶p.29

### 会話を続ける表現例

How about you?
（あなたはどうですか？）

自分の名前を大文字と小文字でていねいに書こう。

（例） Akihiko Tanaka

あなたが「できること」を左下にメモしよう。表現例の意味も確認しておこう。

単語例

My Picture Dictionary

スポーツ

| | | | | |
|---|---|---|---|---|
| baseball | basketball | volleyball | dodgeball | rugby |
| 野球 | バスケットボール | バレーボール | ドッジボール | ラグビー |
| soccer | tennis | table tennis | badminton | cricket |
| サッカー | テニス | 卓球（たっきゅう） | バドミントン | クリケット |
| gymnastics | track and field | judo | kendo | sumo |
| 体操（たいそう） | 陸上競技（りくじょうきょうぎ） | 柔道（じゅうどう） | 剣道（けんどう） | 相撲（すもう） |
| swimming | skateboarding | skiing | | |
| 水泳 | スケートボード | スキー | | |

fencing
フェンシング

road cycling
ロードサイクリング

sailing
セーリング

weightlifting
重量挙げ

figure skating
フィギュアスケート

ice hockey
アイスホッケー

boccia
ボッチャ

wheelchair tennis
車いすテニス

次の４線を使って、習った表現や単語を書く練習をしてみよう。

**Your Goal** 「できることカード」を使って、友達とできることを伝え合おう。　月　日

You can play soccer well.
（君は上手にサッカーができるね。）

You can sing well, too.
（あなたは上手に歌も歌える。）

Thank you.
（ありがとう。）

（こんにちは。）Hi.

Thank you.（ありがとう。）

例

はじまりの
あいさつを
しよう。

自分のできることを紹介しよう。
（自分が知っている、友達ができることも伝えよう。）

お礼を
言おう。

Brian：Hi.
　　　（こんにちは。）

Nanami and Akina：Hi.
　　　　　　　　（こんにちは。）

Brian：You can swim fast, Nanami.
　　　（七海、君は速く泳げるんだね。）

Nanami：Thank you. How about you? Can you swim fast?
　　　（ありがとう。あなたはどう？あなたは速く泳げる？）

Brian：No, I can't. I can't swim fast.
　　　（いや、できない。ぼくは速く泳げないよ。）

Nanami：That's OK. You can play soccer well.
　　　（気にしないで。あなたはサッカーが上手にできるんだから。）

Akina：You can sing well, too.
　　　（あなたは歌もうまく歌えるよね。）

Brian：Thank you.
　　　（ありがとう。）

二次元コードから見られる映像を参考にして、会話で気をつけたいことをメモしよう。

| Before 会話で気をつけたいこと | After 活動のふり返り |
|---|---|
| | |

Tips　自分のできることを言ってもらえたら、相手に感謝の気持ちを伝えよう。

― 会話で気をつけたいこと 解答例 ―
● はじまりのあいさつをする
● 「できることカード」を見せて、自分ができることやできないことを伝える
● 相手にできることをたずねる
● 友達ができることを伝える
● 相手から自分ができることを言われたら、感謝の言葉を伝える

次の4線を使って、習った表現や単語を書く練習をしてみよう。

これまでとはちがった視点で学習してみよう。

# 文字の形や書き方に注意して書こう

アルファベットには、形のにている文字があるよ。また、書くときの動きでいくつかのグループに分けられるよ。それらに注意して書いてみよう。

**形のにている大文字** ちがいに注意しながら書こう。

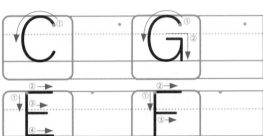

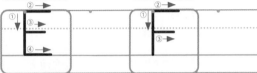

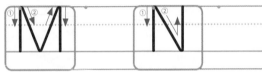

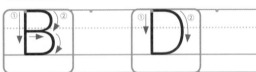

**形のにている小文字** ちがいに注意しながら書こう。

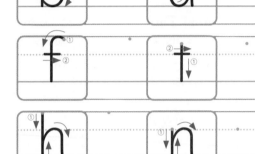

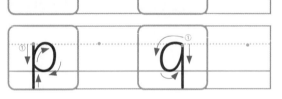

**大文字と小文字のペア①** どこが同じか、ちがうかを意識して書こう。

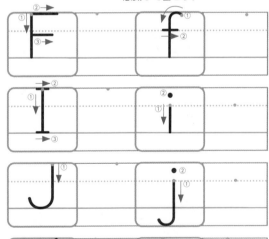

**大文字と小文字のペア②** どこが同じか、ちがうかを意識して書こう。

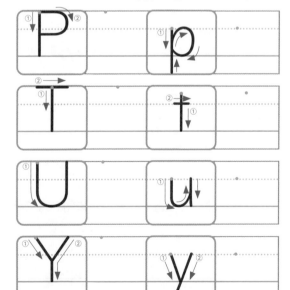

| くるりんグループ | トランポリングループ | ダイビンググループ | とんがりグループ |
|---|---|---|---|
|  始点から左回りにくるりと回る仲間だよ。 |  上下の動きが中心で、同じ線をたどってもどる仲間だよ。 |  始点から下に向かう動きが中心の仲間だよ。 |  まっすぐな線でできている仲間だよ。 |

**くるりんグループ** 円をえがくような動きが中心の小文字を書こう。

**トランポリングループ** 上下の動きが中心の小文字を書こう。

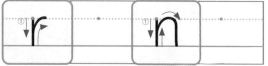

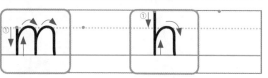

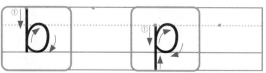

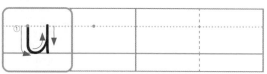

**ダイビンググループ** 下へ向かう動きが中心の小文字を書こう。

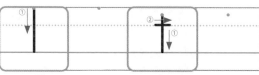

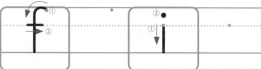

**とんがりグループ** まっすぐな線でできている小文字を書こう。

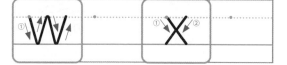

＊あいている４線には自分の苦手な文字を書いて練習しよう。

こちらはだれですか？

# Unit 4 Who is this?

**Our Goal** 身近な人について紹介し合おう。

教科書 pp.40-41

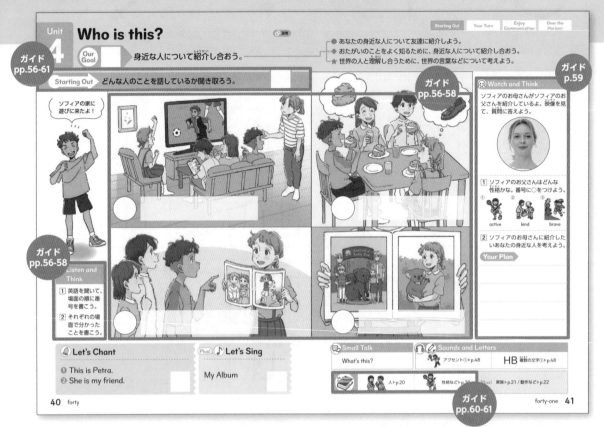

---

**Starting Out** どんな人のことを話しているか聞き取ろう。

**Listen and Think**

1. 英語を聞いて、場面の順に番号を書こう。

2. それぞれの場面で分かったことを書こう。

Unit4 では、身近な人についてたずねたり伝えたりするよ。
　次のページには、話している英語の一部がのっているよ。重要な表現を確認しよう。
　❖は音声が聞こえる時間を表すよ。p.177に全文がのっているよ。

> 例　Who is this?
> （こちらはだれですか？）
>
> This is ～ . ／ She is ～ . ／ He is ～ .
> （こちらは～です。）（彼女は～です。）（彼は～です。）

whoに注意しながら、音声を聞いてみよう。

1 場面の順

Who is this?は「こちらはだれです
か？」とたずねる表現だよ。whoは「だ
れ」という意味だよ。

❖ 00:12

Lucas：Who is this?
（こちらはだれ？）

Sophia：This is my friend, Jessica.
She can play tennis very well.
She is a good tennis player.
（こちらはわたしの友達のジェシカ。彼女はテニ
スがとても上手にできるのよ。彼女はよいテニ
ス選手よ。）

- - - - - - - - - - - - - - - - - - - - - - - - - - - - - - - - - - -

Good idea!は「いい考えね！」という
意味だよ。

Lucas：Let's go to the next page.
（次のページに行こう。）

Daichi：Look! A koala!
Can you hold a koala in the zoo
in Australia?
（見て！コアラ！オーストラリアの動物園ではコ
アラをだけるの？）

Sophia：Yes! They are so cute!
（そう！とってもかわいいよ！）

Saki：Let's go to Wakaba Zoo next
holiday!
（次の休日に若葉動物園に行こうよ！）

Sophia：Good idea!
（いい考えね！）

- - - - - - - - - - - - - - - - - - - - - - - - - - - - - - - - - - -

Really?は「本当？」とおどろいてたず
ねる表現だよ。

❖ 00:07

Ruby：Who is Carlos?
（カルロスってだれ？）

Lucas：He is my father. He is a soccer
player. He is strong. He can kick
well!
（ぼくのお父さん。彼はサッカー選手なんだ。彼は
強いよ。彼はキックが上手なんだ！）

Ruby：Really? Your father?
（本当？あなたのお父さん？）

Daichi：He is the No.1 striker on the
team.
（彼はチームで一番のストライカーだよ。）

Saki：He is a hero in our town! Go! Go!
（彼はわたしたちの町のヒーローよ！行け！行け！）

**4**

snackは「間食、おやつ」という意味だよ。

Sophia : It's snack time!
（おやつの時間だ！）

Daichi : Wow! Shoe cream!
（わあ！シュークリーム！）

Saki : I love shoe cream.
（わたしはシュークリームが大好き。）

Sophia : Shoe cream? We say "cream puffs" in English.
（シュークリーム？英語では「cream puffs」って言うよ。）

Daichi : Oh, cream puffs. I see.
（へえ、cream puffs。そうなんだ。）

---

┌─ 分かったことをメモしよう ────────────────

└──────────────────────────────

---

┌─ 2 分かったこと 解答例 ─────

**1** ソフィアがアルバムを見せ、写真の人がだれかをルーカスがたずねる。写真の人は友達のジェシカで、テニスが上手だとソフィアが答える。

**2** 次のページには動物園のコアラが写っていて、ソフィアがコアラをだいている。早紀が今度の休みに若葉動物園に行こうとさそうと、ソフィアが「いい考えね！」と答える。

**3** テレビのサッカーを子どもたちが見ていて、ルビーが「カルロスってだれ？」とたずねる。ルーカスが「ぼくのお父さんだ」と答える。大地は彼がチームのナンバーワンストライカーだと言い、早紀は彼が町のヒーローだと言う。

**4** ソフィアがおやつの時間だと言う。早紀がシュークリームが大好きだと言うと、ソフィアが英語では「cream puffsだ」と言う。

---

次の4線を使って、習った表現や単語を書く練習をしてみよう。

話している英語の一部から、重要な表現を確認しよう。
❖は音声の再生時間を表すよ。pp.177-178に全文がのっているよ。

## 👀 Watch and Think

ソフィアのお母さんがソフィアのお父さんを紹介しているよ。映像を見て、質問に答えよう。

1 ソフィアのお父さんはどんな性格かな。番号に○をつけよう。

① active ② kind ③ brave

2 ソフィアのお母さんに紹介したいあなたの身近な人を考えよう。

**Your Plan**

❖ 00:06

Ruby : This is Sophia's father. He is active. He can swim fast. He is in Sydney, Australia now. Now, it's your turn. Tell me about your family or friends!
（こちらはソフィアのお父さん。彼は活動的なの。彼は速く泳げるのよ。彼は今、オーストラリアのシドニーにいます。今度はあなたの番よ。あなたの家族か友達のことを教えて！）

He isに注意しながら、映像を見よう。

① active 活動的な ② kind 親切な ③ brave 勇敢な

次ページの My Picture Dictionary の単語も参考にしながら、紹介したい身近な人を考えよう。

 人▶p.20　　  性格など▶p.20

Watch and Think 解答例
1 ①
2 This is my mother. She is kind.（こちらはわたしのお母さんです。彼女は親切です。）

人

I
わたしは

you
あなたは、
あなたを【に】

she
<ruby>彼女<rt>かのじょ</rt></ruby>は

he
<ruby>彼<rt>かれ</rt></ruby>は

we
わたしたちは

children ( child )
子供

man
<ruby>男性<rt>だんせい</rt></ruby>

woman
<ruby>女性<rt>じょせい</rt></ruby>

boy
男の子

girl
女の子

classmates
クラスメート

friends
友達

baby
赤ちゃん

性格など

active
活動的な

brave
勇敢な

friendly
友好的な

funny
おかしい

kind
親切な

shy
内気な

smart
利口な

strong
強い

ポイント

性格などを表す単語のことを「<ruby>形容詞<rt>けいようし</rt></ruby>」と言うよ。

次の４線を使って、習った表現や単語を書く練習をしてみよう。

身近な人について友達と紹介し合おう。

教科書
pp.42-43

 Let's Watch **1** ソフィアたちはジェシカについてどのような会話をしているのかな。

p.57 の会話をふりかえってみよう。

Lucas : Who is this?
（こちらはだれ？）

Sophia : This is my friend, Jessica.
She can play tennis very well.
She is a good tennis player.
（こちらはわたしの友達のジェシカ。彼女は
テニスがとても上手にできるのよ。彼女は
よいテニス選手よ。）

ガイドp.57の会話を思い出そ
う。Who is this? でこの人が
だれなのかたずねていたね。

 Let's Listen **1** ソフィアがお兄さんに友達を紹介しているよ。会話を聞いて、
4 線に He か She を書こう。

1
Lucas

can play soccer.

2
Saki

can play the recorder.

---

ソフィアの身近な人ができること

|  Lucas ルーカス |  play soccer サッカーをする |  Saki 早紀 |  play the recorder リコーダーをふく |  Daichi 大地 |  cook curry カレーを作る |
| --- | --- | --- | --- | --- | --- |
|  Jessica ジェシカ |  play tennis テニスをする |  Ms. Baker ベーカー先生 |  run 20 km 20 キロ走る |  Mr. Oishi 大石先生 |  play the guitar ギターをひく |

解答につながる表現を確認しよう。p.178に全文がのっているよ。

**Let's Listen ❶ 解説**

話している英語の一部から、解答につながる表現を確認しよう。p.178に全文がのっているよ。

1

Oliver: Who is this?（こちらはだれ？）
Sophia: This is Lucas. He can play soccer.（こちらはルーカス。彼はサッカーができるよ。）

2

Oliver: Who is this?（こちらはだれ？）
Sophia: This is Saki. She can play the recorder.（こちらは早紀。彼女はリコーダーがふけるよ。）

**Let's Try ❶** 左下の「ソフィアの身近な人ができること」から１人選んで紹介しよう。

●紹介する人の名前を書こう。

This is

●紹介する人ができることを書こう。

can

**Let's Try ❷** Let's Try ①にならって、グループになって友達を紹介し合おう。

**ポイント**

紹介する人を言うときは、まず This is 〜. と言うよ。
できることを言うときは、She [He] can 〜. と言うよ。

**Let's Listen① 解答**
1 He
2 She

**Let's Try① 解答例**
● This is Daichi. He can cook curry.（こちらは大地です。彼はカレーを作れます。）

**Let's Try② 解答例**
● This is Risa. She can play the piano.（こちらはリサです。ピアノがひけます。）

**Let's Watch ❷** ルーカスたちは彼のお父さんについてどのような会話をしているのかな。

p.57 の会話をふりかえってみよう。

Ruby：Who is Carlos?
（カルロスってだれ？）

Lucas：He is my father. He is a soccer player. He is strong. He can kick well!
（ぼくのお父さん。彼はサッカー選手なんだ。彼は強いよ。彼はキックが上手なんだ！）

ガイド p.57 の会話を思い出そう。Who is 〜?は「〜はだれですか？」という意味だよ。

**Let's Listen ②** ソフィアと大地が出す Who is this? クイズを聞いて、質問に答えよう。

| ① クイズの答え | ② クイズの答え |
|---|---|
| その人について分かったこと | その人について分かったこと |

**Let's Listen ② 解説**

話している英語の一部から、解答につながる表現を確認しよう。p.179に全文がのっているよ。

①
Sophia:Who is this? He is active. He can play the guitar.（こちらはだれでしょう。彼は活動的です。彼はギターがひけます。）
Daichi: Can he cook well?（料理は上手ですか？）
Sophia: Sorry, I don't know.（ごめんなさい。知りません。）
Daichi: Is he a teacher?（先生ですか？）
Sophia: Yes, he is.（はい、そうです。）

②
Daichi: Who is this? She is active, too. She can play baseball well.（こちらはだれでしょう。彼女も活動的です。野球が上手です。）
Sophia: How about soccer?（サッカーはどうですか？）
Daichi: Well, . . . she can't play soccer well. But she can run well.
She can run 20 km!（ええと、サッカーは上手にできません。でもよく走れます。20km走れます。）

 **Let's Try ③** pp.66-67 の Enjoy Communication で紹介する人を決めるために、身近な人のできることを考えたり伝えたりしよう。

| 身近な人 | その人ができることなど |
|---|---|
|  |  |

**ポイント**

紹介する人ができることを言うときは、She [He] can ～. と言うよ。
「上手に」できるというときには、well をつけるよ。

 My Picture Dictionary

 動作など（5年）▶p.22

spell
つづる

like
好きである

listen
聞く

want
ほしい

play
〈スポーツなどを〉する

walk
歩く

run
走る

dance
踊る

jump
跳ぶ

catch
とる、つかまえる

swim
泳ぐ

fly
飛ぶ

sing
歌う

cook
料理する

have
持っている

go
行く

turn
向きを変える、
曲がる

see
見る、
目を向ける

look
見る、
目を向ける

drink
飲む

eat
食べる

buy
買う

---

**Let's Listen ② 解答例**
1 大石先生　ギターがひける
2 ベーカー先生　20km走れる

**Let's Try ③ 解答例**
● This is my classmate. He can swim fast.
　（こちらはわたしのクラスメイトです。彼女は速く泳げます。）
● This is my grandmother. She can cook very well.
　（こちらはわたしの祖母です。彼女はとても上手に料理ができます。）

身近な人について紹介し合って、おたがいのことをよく知ろう。

教科書
pp.44-45

**Step 1**

 これまでの学習をふり返って、明菜に質問しよう。

Akina

Who is this? （こちらはだれ？）

This is Deepa. （こちらはディーパです。）

She is my friend. She is kind.（彼女はわたしの友達。親切です。）

She can play badminton well.（彼女はバトミントンが上手にできます。）

「こちらはだれですか？」とたずねるときは、Who is this? という言い方だったね。
女の人を紹介するときは She、男の人のときは He を使うのだったね。

**Step 2**

p.64 の Let's Try ③で考えた人について
「人物紹介カード」を作り、ペアでその人を紹介し合おう。

巻末
コミュニケーション
カード

例

Who is this?

Name
Deepa

| あなたとの関係 | 性格など | できることなど |
|---|---|---|
|  |  |  |
| Memo | | |

表現例

紹介する人の素敵だと思うところを加えよう。

❶ She is kind and active.
（彼女は親切で活動的です。）
❷ She can play the piano, too.
（彼女はピアノもひけます。）

単語例

人 ▶ p.20　　性格など ▶ p.20　　家族 ▶ p.21　　動作など ▶ p.22

会話を続ける表現例

Wow, badminton.
(She can play badminton well.
と言われて。)
（おお、バトミントン。）

紹介する人の名前をていねいに書こう。

（例）Yamagami Naoto

あなたが紹介したい人や「その人との関係」、「性格」、「できること」を左下にメモしよう。表現例の意味も確認しておこう。

紹介したい人　解答例

● This is Naoto. He is my friend. He is brave. He can play basketball.
（こちらはナオトです。彼はわたしの友達です。彼は勇敢です。彼はバスケットボールができます。）

単語例

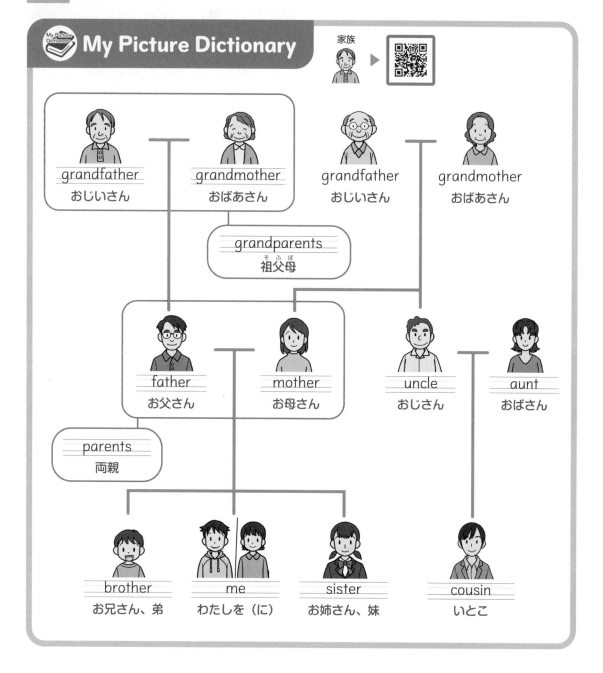

My Picture Dictionary

家族

grandfather
おじいさん

grandmother
おばあさん

grandfather
おじいさん

grandmother
おばあさん

grandparents
祖父母

father
お父さん

mother
お母さん

uncle
おじさん

aunt
おばさん

parents
両親

brother
お兄さん、弟

me
わたしを（に）

sister
お姉さん、妹

cousin
いとこ

「人物紹介カード」を使って、たくさんの友達と
その人を紹介し合おう。

月　　　日

OK.
（いいよ。）

Look at this card.
（このカードを見て。）

Ms. Ichinose

Deepa

（こんにちは。）

Hello.

（話ができてよかったです。）

Nice talking to you.

例

はじまりの
あいさつを
しよう。

身近な人について紹介しよう。
（あなたとの関係や性格などを紹介し合おう。）

終わりの
あいさつを
しよう。

Akina：Hello.
　　　（こんにちは。）

Mr. Robinson：Hello.
　　　　　　　（こんにちは。）

Akina：Look at this card.
　　　（このカードを見てください。）

Mr. Robinson：OK. Who is this?
　　　　　　　（わかりました。こちらはだれですか？）

Akina：This is Deepa.
　　　（こちらはディーパです。）

Mr. Robinson：Who is Deepa?
　　　　　　　（ディーパってだれですか？）

Akina：She is my friend. She is kind and active. She can play
　　　badminton well.
　　　（彼女はわたしの友達です。彼女は親切で活動的です。彼女はバトミントンが上手にでき

ます。）

Mr. Robinson：Wow, badminton.
　　　　　　　（おお、バドミントン。）

Akina：Yes. She can play the piano, too.
　　　　（はい。彼女はピアノもひけます。）

Mr. Robinson：Great! Good job!
　　　　　　　（すばらしい！よくできました！）

Akina：Thank you. Nice talking to you.
　　　　（ありがとう。あなたと話ができてよかったです。）

二次元コードから見られる映像を参考にして、会話で気をつけたいことをメモしよう。

| Before 会話で気をつけたいこと | After 活動のふり返り |
|---|---|
| | |
| | |
| | |

● Tips　どんな順番で言えば相手に伝わりやすいか考えよう。

---

会話で気をつけたいこと 解答例

- はじまりのあいさつをする
- 「人物紹介カード」を見せて、その人と自分との関係を伝える
- その人の性格やできることなどを伝える
- 話ができたことへの感謝の言葉を伝える

---

次の4線を使って、習った表現や単語を書く練習をしてみよう。

教科書
pp.48-49

ここから複数の文字の名前を聞き取って書く活動をはじめるよ。

# アクセントに慣れ親しもう

英語の単語の強く言うところ（アクセント）に気をつけて読んでみよう。
また、複数の文字の名前を聞き取って書いてみよう。どれくらい書けるかな。 解答

**アクセント①** 音声を聞いて、強く言っているところの〇をぬりつぶそう。

例

tennis（テニス）

①

lemon（レモン）

②

salad（サラダ）

③

guitar（ギター）

**アクセント②** 音声を聞いて、強く言っているところの〇をぬりつぶそう。

例

baby（赤ちゃん）

①
**7月**

July（7月）

②

doctor（医者）

③

monkey（サル）

**複数の文字①** 文字の名前を続けて聞いて、大文字を書こう。

① H B H B
② J R J R
③ C D C D
④ A M A M

**複数の文字②** 文字の名前を続けて聞いて、大文字を書こう。

① W C W C
② P S P S
③ V T R V T R
④ YOU YOU

アクセントを確認しよう

● 英語らしく発音するカギの 1 つとなるのがアクセントだよ。

**アクセント③** 音声を聞いて、強く言っているところの〇をぬりつぶそう。

例

◯ ⬤ ◯
gorilla（ゴリラ）

❶

⬤ ◯ ◯
hamburger（ハンバーガー）

❷

◯ ⬤ ◯
tomato（トマト）

❸

⬤ ◯ ◯
badminton（バドミントン）

**アクセント④** 音声を聞いて、強く言っているところの〇をぬりつぶそう。

例

⬤ ◯ ◯
library（図書館）

❶

⬤ ◯ ◯
elephant（ゾウ）

❷

◯ ◯ ⬤
afternoon（午後）

❸
**12月**

◯ ⬤ ◯
December（12月）

**複数の文字③** 文字の名前を続けて聞いて、大文字を書こう。

❶ M F M F

❷ G K G K

❸ EXIT EXIT

❹ LOVE LOVE

**複数の文字④** 文字の名前を続けて聞いて、大文字を書こう。

❶ Q R Q R

❷ T V T V

❸ STOP STOP

❹ ZONE ZONE

Unit
5

動物園に行こう。

# Let's go to the zoo.

教科書
pp.50-51

Our
Goal

場所をたずねたり、案内したりしよう。

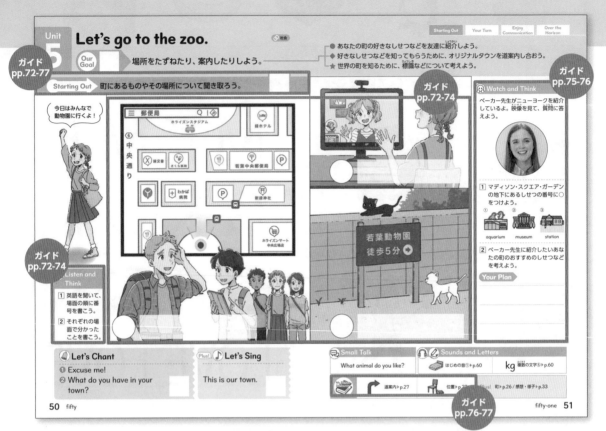

---

| | |
|---|---|

Starting Out　町にあるものやその場所について聞き取ろう。

**Listen and Think**

Unit5 では、場所をたずねたり、案内したりするよ。
次のページには、話している英語の一部がのっているよ。重要な表現を確認しよう。

❖は音声が聞こえる時間を表すよ。pp.183-184に全文がのっているよ。

1 英語を聞いて、場面の順に番号を書こう。

2 それぞれの場面で分かったことを書こう。

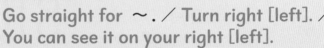

例　Where is 〜 ?（〜はどこですか？）
Go straight for 〜 . ／ Turn right [left]. ／
You can see it on your right [left].
（まっすぐ〜行ってください。）（右 [左] に曲がってください。）
（右 [左] 側に見えます。）

whereに注意しながら、音声を聞いてみよう。

## 1 場面の順

Long time no see! は「久しぶりですね！」というあいさつの表現だよ。missは「～がいなくてさびしく思う」という意味だよ。

Jessica：Hi, Sophia. Can you hear me?
（こんにちは、ソフィア。聞こえる？）

Sophia：Yes, Jessica. I can hear you.
（ええ、ジェシカ。聞こえるわ。）

Jessica：Good. Long time no see!
（よかった。ひさしぶりね！）

Sophia：I miss you so much!
（とてもさびしいわ！）

Jessica：Me, too. Do you have any friends in Japan?
（わたしも。あなたは日本に友達はいる？）

Sophia：Yes! I have many friends.
（ええ！たくさんの友達がいるよ。）

Jessica：That's great. How is your town?
（それはすごいわ。あなたの町はどう？）

Sophia：Fantastic! People are kind. The food is delicious.
（すてき！人は親切なの。食べ物はおいしいよ。）

Jessica：Sounds wonderful! What do you have in your town?
（すばらしいわね！あなたの町には何があるの？）

Sophia：We have movie theaters, shops, and a nice stadium . . . and tomorrow, I am going to the zoo with my friends!
（映画館、お店、そしてすてきなスタジアム…そして明日、友達と動物園に行くよ！）

Jessica：Lucky you!
（いいわね！）

Where is 〜?は「〜はどこですか？」
という意味だよ。Whereは「どこ」とい
う意味だよ。

❖ 00:19

Tourist : Excuse me. Where is the post office? I have a postcard for my family.
（すみません。郵便局はどこですか？家族へのはがきがあるんです。）

Daichi : OK. Let's see. We are here, in this square.
Go straight for two blocks. Turn right.
Go straight for a little bit. You can see it on your left.
（わかりました。ええと。わたしたちはここ、この広場にいます。まっすぐ２ブロック進んでください。右に曲がってください。ほんの少しまっすぐ進んでください。左側に見えます。）

Tourist : Thank you so much.
（どうもありがとうございます。）

- - - - - - - - - - - - - - - - - - - - - - - - - - - - - - - - - -

I can't wait!は「待ちきれない！」とい
う意味で、待ちどおしい気持ちを表し
ているよ。five minutes to 〜は「〜ま
で５分」という意味だよ。

Lucas : Wow, I can't wait!
（わあ、待ちきれないよ！）

Saki : Look at those cats! A black cat on the wall, a white cat by the sign.
（あのネコを見て！へいの上の黒いネコと、看板のそばの白いネコ。）

Daichi : Oh, five minutes to the zoo. We are very close.
（ああ、動物園まで５分だ。とても近いよ。）

Sophia : Is that a sign for the zoo? I can't read kanji.
（あれは動物園の看板なの？わたしは漢字が読めない。）

― 分かったことをメモしよう ―

― ② 分かったこと 解答例 ―
**1** ジェシカがソフィアにテレビ電話で声が聞こえるかたずねる。ジェシカがソフィアの町の様子をたずねると、ソフィアは人が親切で、食べ物もおいしいと教える。さらに、ソフィアは明日友達と動物園に行くと言う。
**2** 旅行者が郵便局の場所をたずねると、大地が行き方を答える。
**3** 早紀がネコを見つけ、大地がそばにある看板を見て、動物園までもうすぐだと言う。ソフィアは看板の漢字が読めないと言う。

教科書
p.51

🗣 **Watch and Think**

ベーカー先生がニューヨークを紹介<ruby>紹介<rt>しょうかい</rt></ruby>しているよ。<ruby>映像<rt>えいぞう</rt></ruby>を見て、<ruby>質問<rt>しつもん</rt></ruby>に答えよう。

1 マディソン・スクエア・ガーデンの地下にあるしせつの番号に○をつけよう。

aquarium    museum    station

2 ベーカー先生に紹介したいあなたの町のおすすめのしせつなどを考えよう。

**Your Plan** ▶

---

次ページの My Picture Dictionary の単語も参考にしながら、町のおすすめのしせつなどを考えよう。

---

話している英語の一部から、重要な表現を確認しよう。

❖は音声が聞こえる時間を表すよ。p.184 に全文がのっているよ。

❖ 00:22

Ms. Baker：Let's go straight for two blocks from here.
You can see Madison Square Garden on your left. You can enjoy many events here.
And a big station is just under it.
Oh, it's time to go! I am going back home to Boston!
Next time, please tell me about your town! See you!

ベーカー先生：ここからまっすぐ2ブロック進みましょう。左側にマディソン・スクエア・ガーデンが見えます。ここではたくさんのイベントが楽しめます。そして大きな駅がこの真下にあります。あら、行く時間です！わたしはボストンの家に帰るところです！次はあなたの町について話してください！さようなら！

go straight、you can see に注意しながら、映像を見よう。

① aquarium 水族館    ② museum 博物館    ③ station 駅

 道案内 ▶ p.27　　 位置 ▶ p.27

---

**Watch and Think 解答例**

1 ③

2 I am in front of the station. Let's go straight for two blocks. You can see the shrine on your right.（わたしは駅の前にいます。まっすぐ進みましょう。右側に神社が見えます。）

---

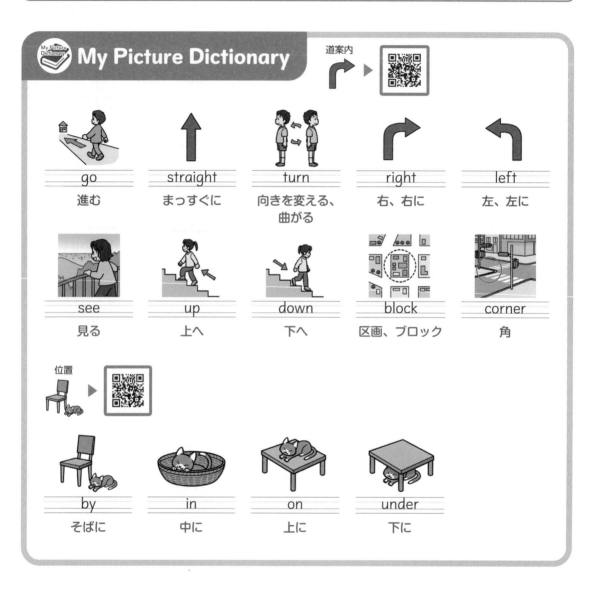

## My Picture Dictionary

道案内

| go | straight | turn | right | left |
|---|---|---|---|---|
| 進む | まっすぐに | 向きを変える、曲がる | 右、右に | 左、左に |

| see | up | down | block | corner |
|---|---|---|---|---|
| 見る | 上へ | 下へ | 区画、ブロック | 角 |

位置

| by | in | on | under |
|---|---|---|---|
| そばに | 中に | 上に | 下に |

---

**ポイント**

位置を表す単語のことを、単語の前に置かれるので「前置詞（ぜんちし）」と言うよ。

---

**76** Unit5　Starting Out

次の４線を使って、習った表現や単語を書く練習をしてみよう。

**Your Turn** ▶ あなたの町の好きなしせつなどを友達と紹介し合おう。

教科書 pp.52-53

Let's Watch ① 大地は外国人旅行者にどのように道案内をしているのかな。

p.74 の会話をふりかえってみよう。

**Tourist** ： Where is **the post office?** I have a postcard for my family.
（郵便局はどこですか？家族へのはがきがあるんです。）

**Daichi** ： OK. Let's see. We are here, in this square.
Go straight for **two blocks.**
Turn right.
Go straight for **a little bit.** You can see it on your left.
（わかりました。ええと。ぼくたちはここ、この広場にいます。まっすぐ2ブロック進んでください。右に曲がってください。ほんの少しまっすぐ進んでください。左側に見えます。）

ガイドp.74の会話を思い出そう。**Where is 〜?** で場所をたずねていたね。

Let's Listen ① ソフィアが動物園の人に案内してもらった場所を A 〜 D の中から選んで○をつけよう。

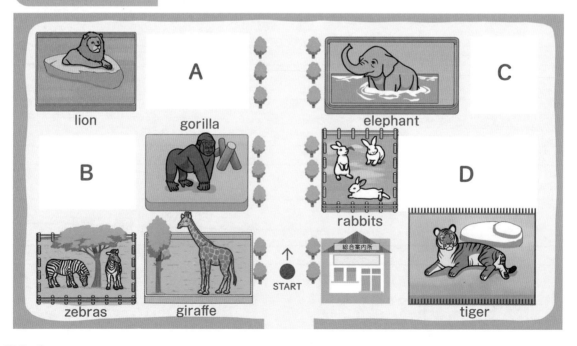

lion

gorilla

elephant

A

C

B

rabbits

D

zebras

giraffe

START

tiger

## Let's Listen ❶ 解説

話している英語の一部から、解答につながる表現を確認しよう。p.185に全文がのっているよ。
Sophia: Where are the monkeys?（サルはどこですか？）
Staff: Go straight for two blocks.
Turn right. Go straight for a little bit.
You can see the monkeys on your right.
（まっすぐ２ブロック進んでください。右に曲がってください。ほんの少しまっすぐ進んでください。右側にサルが見えます。）

💬 Let's Try ❶　左下の動物園の地図を使って、動物がいる場所を道案内しよう。

Where is the lion?
（ライオンはどこですか？）

Go straight for two blocks.
Turn left. Go straight for one block.
You can see it on your right.

（まっすぐ２ブロック進んでください。
左に曲がってください。１ブロックまっすぐ行ってください。右側に見えます。）

### ポイント

「まっすぐ～行ってください」は Go straight for ～. と言うよ。「右[左]に曲がってください」は Turn right [left]. と言うよ。「右[左]側に～が見えます」は、You can see ～ on your right [left]. と言うよ。

🎧 Let's Listen ❷

ルーカスが話しているのは右の絵のどのサルかな。当てはまる番号を○で囲もう。

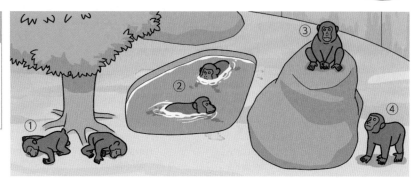

## Let's Listen ❷ 解説

話している英語の一部から、解答につながる表現を確認しよう。p.185に全文がのっているよ。
Lucas: Oh, look at the monkeys under the tree. They're sleeping.
（おや、木の下にいるサルを見て。彼らは眠っているよ。）

Let's Listen ① 解答
D

Let's Try ① 解答例
● Where is the elephant?（ゾウはどこですか？）
● Go straight for three blocks. You can see it on your right.
（まっすぐ３ブロック進んでください。右側に見えます。）

Let's Listen ② 解答
①

😮 **Let's Watch ②** ソフィアはジェシカにどのように町にあるものを紹介しているのかな。

p.73 の会話をふりかえってみよう。

> Jessica：What do you have in your town?
> （あなたの町には何があるの？）
>
> Sophia：We have movie theaters, shops, and a nice stadium . . .
> （映画館、お店、そしてすてきなスタジアム…）

ガイド p.73 の会話を思い出そう。町にあるものを言うときは **We have ～.**「～があります」と言うよ。

🎧 **Let's Listen ③** ソフィアと早紀が、ジェシカとオンラインで会話をしているよ。会話に出てきたジェシカの町にあるものの □ に✓を入れよう。

Jessica
ジェシカ

airport
空港

aquarium
水族館

beach
浜辺

hospital
病院

library
図書館

museum
博物館

shrine
神社

zoo
動物園

**Let's Listen ③ 解説**

話している英語の一部から、解答につながる表現を確認しよう。pp.185-186 に全文がのっているよ。

Saki: What do you have in your town?（あなたの町には何があるの？）
Jessica: We have a nice zoo. You can hold koalas there.（すてきな動物園があるわ。そこではコアラを抱けるのよ。）
Saki: Oh, really? Anything else?（まあ、本当？他には？）
Jessica: We have a nice library and a beach, too. We can go swimming there.（すてきな図書館とビーチもあるの。わたしたちはそこで泳げるよ。）
Saki: How about an airport?（空港はある？）
Jessica: Yes. We have a small airport.（ええ。小さな空港があるわ。）

**Let's Try ②** あなたの町のおすすめのしせつなどを下の表に書き、ペアになってたずね合おう。

| あなたの町のおすすめのしせつなど | |
|---|---|
| ① | |
| ② | |
| ③ | |

（あなたの町には何があるの？）

 What do you have in your town?

 We have a nice restaurant.

（すてきなレストランがあるよ。）

**● Tips**
好きなしせつなどで
できることを加えて
もいいね。

**ポイント**

町に何があるかたずねるときは、What do you have in your town? と言うよ。
「～がある」と答えるときは、We have ～. と言うよ。

**Let's Listen③ 解答**
airport  beach  library  zoo

**Let's Try② 解答例**
● We have an old temple.
 （古い寺があります。）
● We have a nice amusement park.
 （すてきな遊園地があります。）
● We have a big stadium.
 （大きなスタジアムがあります。）

  町▶p.26

## My Picture Dictionary

町

| house | park | library | museum | hospital |
|---|---|---|---|---|
| 家 | 公園 | 図書館、図書室 | 博物館、美術館 | 病院 |

bus stop
バス停

station
駅

police station
警察署

fire station
消防署

post office
郵便局

bookstore
書店

restaurant
レストラン

supermarket
スーパーマーケット

castle
城

shrine
神社

temple
寺

church
教会

aquarium
水族館

stadium
スタジアム

zoo
動物園

amusement park
遊園地

convenience store
コンビニエンスストア

elementary school
小学校

junior high school
中学校

乗り物

bus
バス

taxi
タクシー

bike
自転車

train
電車

次の4線を使って、習った表現や単語を書く練習をしてみよう。

オリジナルタウンを道案内して、好きなしせつなどを知ってもらおう。

教科書 pp.54-55

**Step 1**

これまでの学習をふり返って、p.87のオリジナルタウンの地図を見ながら、元気に質問をしよう。

Genki

What do you have in your town? （あなたの町には何があるの？）

We have a nice park. （すてきな公園があるよ。）

Where is the park? （公園はどこなの？）

Go straight for one block. （まっすぐ1ブロック進んでください。）

Turn right. （右に曲がってください。）

You can see it on your left. （左側に見えます。）

「〜はどこですか？」とたずねるときは、**Where is 〜?** という言い方だったね。「まっすぐ〜行ってください」は **Go straight for 〜.** と言うよ。

**Step 2**

あなたの町の好きなしせつなどの絵をかいて p.87 のオリジナルタウンを完成させ、ペアで道案内をし合おう。

表現例

そのしせつなどでは何ができるかな。

❶ We can walk dogs there.
（そこでイヌを散歩させることができます。）

❷ Your park is in space C.
（あなたの公園はスペース C にあります。）

会話を続ける表現例

単語例

  町▶p.26　　 道案内▶p.27　　  感想・様子▶p.33

Really?
（本当？）

オリジナルタウンで紹介するしせつなどの名前をていねいに書こう。

Memo

好きなしせつ

（例）
## castle (城)

ほしいしせつ

（例）
## amusement park (遊園地)

「好きなしせつ」や「ほしいしせつ」を左下にメモしよう。表現例の意味も確認しておこう。

好きなしせつ　解答例

● We have a nice zoo. We can see many animals there.
（すてきな動物園があります。そこではたくさんの動物を見ることができます。）

単語例

 **My Picture Dictionary**　感想・様子  ▶

good
良い

great
すばらしい、すごい

bad
悪い

nice
すてきな、親切な

amazing
おどろくほどすばらしい

fantastic
すばらしい、すてきな

wonderful
すばらしい、おどろくべき

beautiful
美しい

cool
かっこいい

cute
かわいい

favorite
お気に入りの

interesting
おもしろい

exciting
わくわくさせる

famous
有名な

popular
人気のある

colorful
色あざやかな

international
国際的な

fun
楽しい

**Your Goal** オリジナルタウンで、たくさんの友達と 道案内し合おう。 月　　日

（もう一度お願い。）Pardon?

（こんにちは。）Hello.

（はい。／いいえ。）Yes. / No.

例

はじまりの あいさつを しよう。 ▶ オリジナルタウンで道案内をしよう。 （好きなしせつなども紹介しよう。） ▶ 答え合わせ をしよう。

Deepa：Hello.
　　　　（こんにちは。）

Genki：Hello.
　　　　（こんにちは。）

Deepa：What do you have in your town?
　　　　（あなたの町には何があるの？）

Genki：We have a nice park. We can walk dogs there.
　　　　（すてきな公園があるよ。そこではイヌを散歩させることができるよ。）

Deepa：Really? Where is the park?
　　　　（本当？公園はどこなの？）

Genki：Go straight for one block.
　　　　（まっすぐ1ブロック進んで。）

Deepa：Pardon?
　　　　（もう一度お願い。）

**Genki**: Go straight for **one block.** Turn right. You can see it on your left.

（まっすぐ1ブロック進んで。右に曲がって。左側に見えるよ。）

**Deepa**: Oh, I see. Your park is in space C.

（ああ、わかった。あなたの公園はスペースCね。）

**Genki**: Yes.

（そうだよ。）

二次元コードから見られる映像を参考にして、会話で気をつけたいことをメモしよう。

| Before | 会話で気をつけたいこと | After | 活動のふり返り |
|---|---|---|---|
| | | | |

● Tips　道案内をするときは、相手が分かっているか確認しながら話そう。

─ 会話で気をつけたいこと 解答例 ─
- はじまりのあいさつをする
- オリジナルタウンを見ながら、どんなしせつがあるかを伝える
- そのしせつで何ができるかなどを伝える
- そのしせつへの行き方を伝える
- 相手が分かっているかを確認する

教科書
pp.56-57

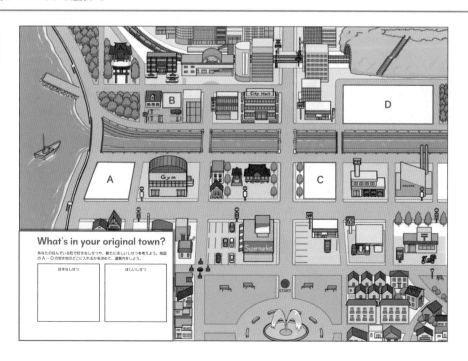

**What's in your original town?**

あなたの住んでいる町で好きなしせつや、新たにほしいしせつを考えよう。地図のA～Dの空き地のどこに入れるかを決めて、道案内をしよう。

| 好きなしせつ | ほしいしせつ |
|---|---|
| | |

教科書
pp.60-61

はじめの音をよく聞いて、同じ音かどうかを聞き取ろう。単語が読めるようになるための大切なステップだよ。

# はじめの音に慣れ親しもう（1）

単語のはじめの音に注意しながら単語を聞こう。
アルファベットの複数の文字の書き取りもしていくよ。 解答

---

**はじめの音①** 音声を聞いて、はじめの音が異なる単語の絵の□に✓を入れよう。

❶

□
bed（ベッド）

❷

□
boy（男の子）

❸

✓
horse（馬）

❹
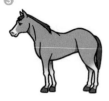
□
bat（コウモリ）

**はじめの音②** 音声を聞いて、はじめの音が異なる単語の絵の□に✓を入れよう。

❶
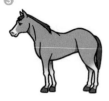
□
hand（手）

❷

□
hot（熱い）

❸

□
house（家）

❹

✓
pen（ペン）

---

**複数の文字⑤** 文字の名前を続けて聞いて、小文字を書こう。

❶  k g k g

❷ c m c m

❸ f t f t

❹ d o d o

**複数の文字⑥** 文字の名前を続けて聞いて、小文字を書こう。

❶  j p j p

❷ y d y d

❸ l g l g

❹ y e s y e s

---

● 同じ音だけど、さまざまな文字の表し方があるね。

① 本
② ほん
③ hon

国語で学習したように、母音はa, i, u, e, o、子音はそれ以外の文字で表す音だよ。

---

**はじめの音③** 音声を聞いて、はじめの音が異なる単語の絵の□に✓を入れよう。

❶

□ ring（指輪）

❷

☑ sun（太陽）

❸

赤
□ red（赤）

❹

□ rice（ごはん）

**はじめの音④** 音声を聞いて、はじめの音が異なる単語の絵の□に✓を入れよう。

❶

☑ mat（マット）

❷

□ ten（10）

❸

□ top（コマ）

❹

□ tea（紅茶）

---

**複数の文字⑦** 文字の名前を続けて聞いて、小文字を書こう。

❶ n z n z

❷ h r h r

❸ w k w k

❹ t h e t h e

**複数の文字⑧** 文字の名前を続けて聞いて、小文字を書こう。

❶ v s v s

❷ q t q t

❸ u n u n

❹ b o x b o x

レストランで。

# At a restaurant.

教科書 pp.62-63

Our Goal ていねいに注文したり、値段をたずねたりしよう。

---

Starting Out 何を注文して、いくら支払っているか聞き取ろう。

Listen and Think

① 英語を聞いて、場面の順に番号を書こう。

② それぞれの場面で分かったことを書こう。

Unit6 では、レストランでていねいに注文したり、値段をたずねたりするよ。

次のページには、話している英語の一部がのっているよ。重要な表現を確認しよう。

p.188 に全文がのっているよ。

例 **What would you like? / How much is it?**
（何になさいますか？）（いくらですか？）

**I'd like ～ . / It's ～ yen.**
（～をお願いします。）（～円です。）

I'd like、How much に注意しながら、音声を聞いてみよう。

## 1 場面の順

Would you like 〜?は「〜はいかがですか？」という意味で相手に何かをすすめるていねいな表現だよ。

**Server**：Hello and welcome.
Would you like an English menu?
（こんにちは、ようこそ。英語のメニューはいかがですか？）

**Grandma**：Oh! Yes, please.
（おお！はい、お願いします。）

**Server**：Here you are. （はい、どうぞ。）

**Grandpa and Grandma**：Thank you.
（ありがとう。）

**Grandma**：What do you want, Sophia?
（ソフィア、何にする？）

**Sophia**：I want a beef bowl.
Beef is very popular in this area.
（わたしは牛丼にする。この地域では牛肉がとても人気があるよ。）

**Grandma**：Oh! Sounds nice.（まあ！いいわね。）

- - - - - - - - - - - - - - - - - - - - - - - - - - - - - - -

What would you like?は「何になさいますか？」という意味で、レストランの店員などが使うていねいな表現だよ。I'd like 〜「〜をいただきます」と答えるよ。

**Server**：What would you like?
（何になさいますか？）

**Grandma**：I'd like a beef bowl and orange juice.
（牛丼とオレンジジュースをお願いします。）

**Oliver**：Nice choice, Grandma.
（いい選択だよ、おばあちゃん。）

**Server**：How about you, sir?
（お客様はどうなさいますか？）

**Grandpa**：I'd like fried noodles and green tea.
（焼きそばと緑茶をお願いします。）

**Server**：Sure. （かしこまりました。）

- - - - - - - - - - - - - - - - - - - - - - - - - - - - - - -

How is [are] 〜?は「〜はどうですか？」とたずねる表現だよ。spicyは「からい」という意味だよ。

**Oliver**：How is your beef bowl, Grandma?
（おばあちゃん、牛丼はどう？）

**Grandma**：It's delicious!
How are the fried noodles, Oliver?
（とてもおいしいわ！その焼きそばはどう？オリバー。）

**Oliver**：A little spicy, but delicious.
（ちょっとからいけど、とてもおいしいよ。）

**Grandma**：Good. （よかった。）

**4**

Grandpa : Thank you very much. How much is it?
（どうもありがとう。いくらですか？）

Cashier : One set is 980 yen. So, here is your total.
（1セットが980円です。ですから、合計はこちらです。）

Grandpa : OK, here you are.
（わかりました、はい、どうぞ。）

Cashier : Thank you. Have a nice day.
（ありがとうございました。よい一日を。）

Grandpa : You, too.
（あなたもね。）

How much is it?は「いくらですか？」と値段をたずねる表現だよ。It's 〜 yen.「〜円です」と答えるよ。

---

分かったことをメモしよう

---

2 分かったこと 解答例

1 店員が英語のメニューを出すと、おばあさんがソフィアに何にするかたずねる。ソフィアは「牛丼がいい」と言って、この地域では牛肉が人気だとおばあさんに伝える。

2 店員が「何になさいますか？」とたずねると、おばあさんは「牛丼とオレンジジュースをお願いします」と言う。おじいさんは「焼きそばと緑茶をお願いします」と言う。

3 オリバーがおばあさんに「牛丼はどう？」とたずねると、「とてもおいしい」と答える。おばあさんが「焼きそばはどう？」とたずねると、オリバーは「少しからいけれどおいしい」と答える。

4 おじいさんがレジ係にいくらかとたずねると、レジ係は「1セット980円です」と答える。おじいさんがお金を渡すとレジ係がお礼を言う。

---

次の4線を使って、習った表現や単語を書く練習をしてみよう。

😮 **Watch and Think**

ルーカスのお父さんがブラジルの食べ物を紹介しているよ。映像を見て、質問に答えよう。

1 ルーカスのお父さんが紹介した食べ物に入っているものはどれかな。番号に○をつけよう。

① beans

② cheese

③ jam

2 ルーカスのお父さんに伝えたい食べ物や飲み物、デザートなどを考えよう。

**Your Plan** ▶

次ページの My Picture Dictionary の単語も参考にしながら、伝えたい食べ物や飲み物、デザートなどを考えよう。

食べ物 ▶ p.12

飲み物 ▶ p.13

話している英語の一部から、重要な表現を確認しよう。
❖は音声が聞こえる時間を表すよ。pp.188-189 に全文がのっているよ。

❖ 00:09

Carlos：This is feijoada, Brazilian black bean stew.
The word "feijao" means beans in Portuguese.
You know? In Brazil, we speak Portuguese.
Feijoada is a popular dish from Brazil. We eat it with rice, like this. Lucas and I love it!
Tell me your favorite local food! I want to try it! Tchau!

(これはフェイジョアーダ、ブラジルの黒い豆のシチューだよ。「feijao」という言葉はポルトガル語で「豆」を意味するんだ。知っているよね？ブラジルではポルトガル語を話すんだ。フェイジョアーダはブラジルの人気のある料理なんだ。こんなふうにご飯といっしょに食べるよ。ルーカスとわたしはこれが大好きなんだ！
君のお気に入りの地元の食べ物を教えてくれよ！ぼくはそれをためしてみたいね！チャオ！）

means に注意しながら、映像を見よう。

① beans 豆

② cheese チーズ

③ jam ジャム

**Watch and Think 解答例**

1 ①

2 This is a rice ball. We often eat rice balls for lunch. The rice balls have ume-boshi or katsuo-bushi in them.
（これはおにぎりです。昼食によくおにぎりを食べます。おにぎりの中に梅ぼしやかつお節が入っています。）

食べ物  ▶

rice
**130 yen**
ご飯、米

rice ball
**120 yen**
おにぎり

curry and rice
**490 yen**
カレーライス

grilled eel
**830 yen**
ウナギのかば焼き

grilled fish
**400 yen**
焼き魚

bread
**160 yen**
パン

sandwich
**180 yen**
サンドイッチ

pancake
**300 yen**
パンケーキ

pizza
**500 yen**
ピザ

hamburger
**340 yen**
ハンバーガー

hot dog
**290 yen**
ホットドッグ

French fries
**260 yen**
フライドポテト

fried chicken
**250 yen**
フライドチキン

sausage
**190 yen**
ソーセージ

steak
**630 yen**
ステーキ

omelet
**410 yen**
オムレツ

spaghetti
**560 yen**
スパゲッティ

pie
**330 yen**
パイ

salad
**240 yen**
サラダ

soup
**270 yen**
スープ

## Japanese Food

fried noodles
**350 yen**
焼きそば

ramen
**480 yen**
ラーメン

soba
**420 yen**
そば

beef bowl
**380 yen**
牛丼

sushi
**400 yen**
すし

tempura
**590 yen**
てんぷら

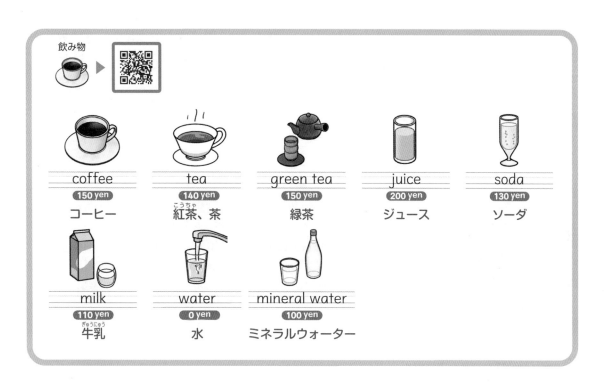

飲み物

| coffee | tea | green tea | juice | soda |
|--------|-----|-----------|-------|------|
| 150 yen | 140 yen | 150 yen | 200 yen | 130 yen |
| コーヒー | こうちゃ<br>紅茶、茶 | 緑茶 | ジュース | ソーダ |

| milk | water | mineral water |
|------|-------|---------------|
| 110 yen | 0 yen | 100 yen |
| ぎゅうにゅう<br>牛乳 | 水 | ミネラルウォーター |

**ポイント**

「1杯のコーヒー」は *a cup of coffee* と言うよ。

次の4線を使って、習った表現や単語を書く練習をしてみよう。

食事の注文や値段について友達と
やり取りしよう。

教科書 pp.64-65

 **Let's Watch** ❶ ソフィアのおばあさんはどのように注文をしているのかな。

p.91 の会話をふりかえってみよう。

Server : What would you like?
(何になさいますか？)

Grandma : I'd like **a beef bowl and orange juice.**
(牛丼とオレンジジュースをお願いします。)

ガイド p.91 の会話を思い出そう。注文するときは I'd like 〜. と言っていたね。

**Let's Listen** ❶ ソフィアたちの注文のやり取りを聞いて、たのんだものを線で結ぼう。

1 Sophia ソフィア

2 Oliver オリバー

3 Ruby ルビー

メインメニュー

**Main Menu**

焼きそば
fried noodles

ステーキ
steak

牛丼
beef bowl

マグロ丼
tuna bowl

すし
sushi

サイドメニュー

**Side Menu**

ice cream
アイスクリーム

parfait
パフェ

corn soup
コーンスープ

coffee
コーヒー

green tea
緑茶

## Let's Listen ① 解説

話している英語の一部から、解答につながる表現を確認しよう。**pp.189-190**に全文がのっているよ。

1

Sophia: I'd like a beef bowl. And I'd like ice cream for dessert. (牛丼をお願いします。それからデザートにアイスクリームをお願いします。)

2

Oliver: I'd like fried noodles. (焼きそばをお願いします。)

Server: Anything else for you? How about a side dish? (他に何かございますか。サイドディッシュはいかがですか？)

Oliver: Let me see . . . . Corn soup, please. (ええと…。コーンスープをください。)

3

Ruby: I'd like a tuna bowl. (マグロ丼をお願いします。)

Server: Would you like something to drink? (何かお飲み物はいかがですか？)

Ruby: Well, . . . green tea, please. (そうね…緑茶をください。)

## Let's Try ① My Picture Dictionary の pp.12-13 を見て、注文のやり取りをしよう。

| 名前 | 注文されたもの |
|---|---|
|  |  |
|  |  |

What would you like?

（何になさいますか？）

I'd like a hamburger and juice.

● Tips

相手の注文が多いときは、くり返したり、もう一度聞いたりして、確認しよう。

（ハンバーガーとジュースをお願いします。）

## ポイント

注文をたずねるときは What would you like? と言うよ。注文する人は I'd like 〜. 「〜をください」と言うよ。

── Let's Listen① 解答 ──

1 Sophia — beef bowl — ice cream
2 Oliver — fried noodles — corn soup
3 Ruby — tuna bowl — green tea

── Let's Try① 解答例 ──

● What would you like?
（何になさいますか？）
● I'd like a spaghetti and coffee.
（スパゲッティとコーヒーをお願いします。）

**Let's Watch 2** ソフィアのおじいさんはどのように値段をたずねているのかな。

p.92 の会話をふりかえってみよう。

Grandpa : How much is it?
（いくらですか？）

Cashier : One set is 980 yen.
（1 セットが 980 円です。）

ガイド p.92 の会話を思い出そう。値段をたずねるときは How much is it? と言うよ。

**Let's Listen 2** 買い物の会話を聞いて、ソフィアが買ったものと合計の値段を線で結ぼう。

1

donut ドーナツ

2

apples リンゴ
（3 つ）

3

flowers 花
（オレンジ× 1
もも色× 2）

| 120 yen | 200 yen | 360 yen | 690 yen | 980 yen |
|---------|---------|---------|---------|---------|
| 120 円 | 200 円 | 360 円 | 690 円 | 980 円 |

**Let's Listen 2 解説**

話している英語の一部から、解答につながる表現を確認しよう。pp.190-191 に全文がのっているよ。

1
Sophia: How much is this donut?（このドーナツはいくらですか？）
Baker: It's 200 yen.（200円です。）

2
Sophia: How much is this apple?（このリンゴはいくらですか？）
Grocer: It's 120 yen.（120円です。）
Sophia: One hundred and twenty yen? OK, three apples, please.（120円？じゃあ、3つください。）
Grocer: OK. Three hundred and sixty yen, please.（はい。360円、お願いします。）

③
Sophia: I want this big, orange flower. How much is it? (わたしはこの大きい、オレンジの花がほしいわ。いくらですか？)
Florist: It's 400 yen. (400円です。)
Sophia: I see. How about this pink flower? (そうですか。このもも色の花はどうですか？)
Florist: Let me see. It's 290 yen. (ええと…。290円です。)
Sophia: OK. Then, one orange and two pink flowers, please. (わかりました。じゃあ、オレンジの花を1つともも色の花を2つください。)
Florist: The total is 980 yen. (合計は980円です。)

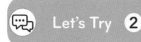 Let's Try ② My Picture Dictionary の pp.12-13 を見て、1,000円未満で注文したいメニューを考えて、値段もふくめた注文のやり取りをしよう。

| 名前 | 注文されたもの | 合計 |
|---|---|---|
|  |  |  |
|  |  |  |
|  |  |  |

 I'd like pizza, salad, and juice. How much is it?

(ピザとサラダとジュースをお願いします。いくらですか？)

It's 940 yen.
(940円です。)

● Tips
3つ以上のものを伝えるときは、どのように表現するのかな。

ポイント
値段をたずねるときは、How much is it? と言うよ。
答えるときは、It's ～ yen. と言うよ。

Let's Listen ② 解答
1 200 yen
2 360 yen
3 980 yen

Let's Try ② 解答例
● I'd like a sandwich, soda, and cake. How much is it? (サンドイッチとソーダとケーキをください。いくらですか？) ／ It's 560 yen. (560円です。)
● I'd like two rice balls, a green tea, and shaved ice. How much is it? (おにぎり2個と緑茶とかき氷をください。いくらですか？) ／ It's 560 yen. (560円です。)

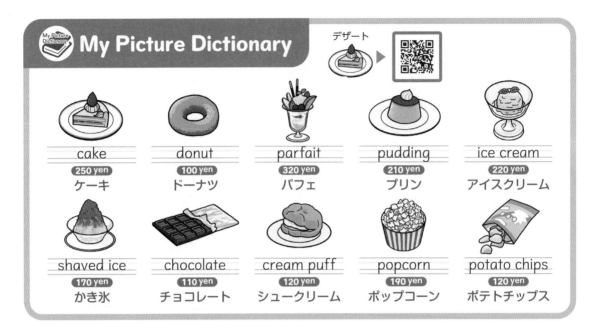

## My Picture Dictionary

デザート ▶

| cake | donut | parfait | pudding | ice cream |
|---|---|---|---|---|
| 250 yen | 100 yen | 320 yen | 210 yen | 220 yen |
| ケーキ | ドーナツ | パフェ | プリン | アイスクリーム |

| shaved ice | chocolate | cream puff | popcorn | potato chips |
|---|---|---|---|---|
| 170 yen | 110 yen | 120 yen | 190 yen | 120 yen |
| かき氷 | チョコレート | シュークリーム | ポップコーン | ポテトチップス |

次の4線を使って、習った表現や単語を書く練習をしてみよう。

数
1 ▶

| | | | | |
|---|---|---|---|---|
| 1 one 1 | 2 two 2 | 3 three 3 | 4 four 4 | 5 five 5 |
| 6 six 6 | 7 seven 7 | 8 eight 8 | 9 nine 9 | 10 ten 10 |
| 11 eleven 11 | 12 twelve 12 | 13 thirteen 13 | 14 fourteen 14 | 15 fifteen 15 |
| 16 sixteen 16 | 17 seventeen 17 | 18 eighteen 18 | 19 nineteen 19 | 20 twenty 20 |
| 21 twenty-one 21 | 22 twenty-two 22 | 23 twenty-three 23 | 24 twenty-four 24 | 25 twenty-five 25 |
| 26 twenty-six 26 | 27 twenty-seven 27 | 28 twenty-eight 28 | 29 twenty-nine 29 | 30 thirty 30 |
| 40 forty 40 | 50 fifty 50 | 60 sixty 60 | 70 seventy 70 | 80 eighty 80 |

# 90    100    0

ninety    one hundred    zero

90    100    0

◎31は、thirty-one のように言います。
◎200は、two hundred のように言います。
◎398は、three hundred and ninety-eight のように言います。

次の4線を使って、習った表現や単語を書く練習をしてみよう。

**Enjoy Communication**

日本各地の料理を楽しむために、
「おすすめランチセット」を伝え合おう。

教科書
pp.66-67

**Step 1** これまでの学習をふり返って、樹と会話をしよう。

Itsuki

What would you like? （何になさいますか？）

I'd like grilled eel and green tea. （ウナギのかば焼きと緑茶をお願いします。）

A grilled eel lunch, please. （ウナギのかば焼きランチをください。）

How much is it? （いくらですか？）

980 yen, please. （980円、お願いします。）

どの都道府県の料理を紹介しようかな。

注文を聞くときは、**What would you like?** という言い方だったね。
「〜をお願いします」と答えるときは、**I'd like 〜.** と言うよ。
値段をたずねるときは、**How much is it?** と聞くよ。

**Step 2** グループであなたの住む地方から都道府県を選んで「おすすめランチセット」を作り、ペアで注文や値段のやり取りをしよう。

巻末
コミュニケーションカード

| あなたのグループの都道府県 | おすすめしたいもの |
|---|---|
| | |

例

＊合計1,000円未満でセットを考えて、カードのうらに値段を書こう。巻末絵カードを使ってもいいね。

Memo

日本各地の郷土料理など

**表現例**

（ここは静岡レストランです。）
❶ This is Shizuoka Restaurant.

❷ Your change is 20 yen. （20円のおつりです。）

**会話を続ける表現例**

Let me see.
（えっと…。）

**単語例**

My Picture Dictionary

 数▶p.9
 食べ物▶p.12
 飲み物▶p.13
 デザート▶p.13
 味など▶p.15

あなたが考えた「おすすめランチセット」の名前をていねいに書こう。

（例）

## steak lunch
（ステーキランチ）

> 「食べ物」や「飲み物」、「デザート」を左下にメモしよう。表現例の意味も確認しておこう。

おすすめランチセット　解答例

● I'd like steak, rice, and salad. A steak lunch, please. How much is it? ／It's 1,000 yen.
（ステーキとライスとサラダをお願いします。ステーキランチをください。いくらですか？／1,000円です。）

## Step 2 単語例

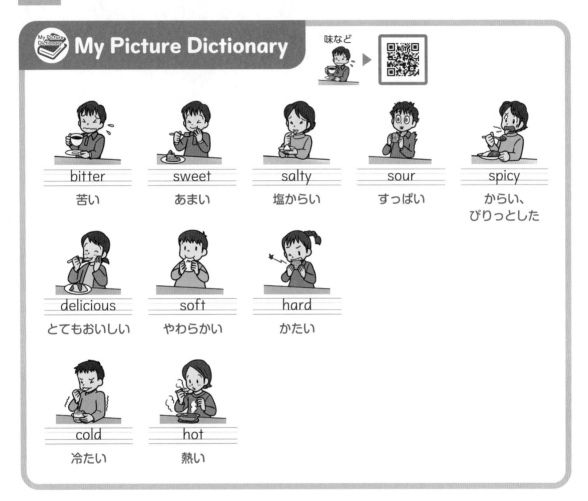

**My Picture Dictionary**

味など

| | |
|---|---|
| bitter | sweet | salty | sour | spicy |
| 苦い | あまい | 塩からい | すっぱい | からい、ぴりっとした |

| delicious | soft | hard |
|---|---|---|
| とてもおいしい | やわらかい | かたい |

| cold | hot |
|---|---|
| 冷たい | 熱い |

次の４線を使って、習った表現や単語を書く練習をしてみよう。

**Your Goal** 💬 「おすすめランチセット」を使って、
グループでレストランを開こう。　　　　　　月　　　　日

Fujinomiya fried noodles are good.
（富士宮焼きそばは
おいしいです。）

（ご来店ありがとうございます。）
Thank you for coming.

（また来てくださいね。）
Please come again.

例　お客さんに
あいさつを
しよう。　▶　注文や値段のやり取りをしよう。
（店員役の人は、おすすめのメニューを伝えよう。）　▶　お客さんに
あいさつを
しよう。

**Genki, Akina, and Deepa :** Thank you for coming.
This is Shizuoka Restaurant. What
would you like?
（ご来店ありがとうございます。ここは静岡レストランです。
何にしますか？）

**Itsuki :** Well . . . .
（ええと…。）

**Deepa :** Grilled eel is very popular in Shizuoka!
（ウナギのかば焼きは静岡ではとても人気があります！）

**Akina :** Fujinomiya fried noodles are good!
（富士宮焼きそばはおいしいです。）

**Genki :** *Gyoza* is delicious!
（ギョウザはとてもおいしいよ！）

**Itsuki :** I see. Well, I'd like grilled eel and green tea. A grilled eel
lunch, please.

（なるほど。じゃあ、ウナギのかば焼きと緑茶をお願いします。ウナギのかば焼きランチをください。）

**Deepa**：Thank you!
　　　（ありがとう！）

**Itsuki**：How much is it?
　　　（いくらですか？）

**Deepa**：Let me see. Nine hundred and eighty yen, please.
　　　（えっと…。980円、お願いします。）

**Itsuki**：Nine hundred and eighty yen? Here you are.
　　　（980円？はい、どうぞ。）

**Deepa**：OK. Your change is 20 yen. Here you are.
　　　（たしかに。20円のおつりです。はい、どうぞ。）

**Itsuki**：Twenty yen. Thank you.
　　　（20円。ありがとう。）

**Deepa**：You're welcome. Please come again.
　　　（どういたしまして。また来てください。）

二次元コードから見られる映像を参考にして、会話で気をつけたいことをメモしよう。

| Before | 会話で気をつけたいこと | After | 活動のふり返り |
| --- | --- | --- | --- |
| | | | |

● Tips　客役の人は言われた値段を確認しよう。

---

会話で気をつけたいこと 解答例

- お客さんにあいさつをする
- メニューを見せながら、どんな食べ物があるかを伝える
- そのメニューの特徴などを伝える
- そのメニューの値段をたずねる
- 値段を答える
- 最後にお客さんにあいさつをする

教科書
pp.70-71

# はじめの音に慣れ親しもう（2）

単語のはじめの音に注意しながら単語を聞こう。
引き続き、アルファベットの複数の文字の書き取りをしよう。　解答

はじめの音⑤　音声を聞いて、はじめの音が異なる単語の絵の□に✓を入れよう。

①

□
dog（イヌ）

②

☑
lion（ライオン）

③

□
duck（アヒル）

④

□
desk（つくえ）

はじめの音⑥　音声を聞いて、はじめの音が異なる単語の絵の□に✓を入れよう。

①

☑
man（男の人）

②

もも（色）

□
pink（ピンク）

③

□
pan（なべ）

④

□
pen（ペン）

複数の文字⑨　文字の名前を続けて聞いて、小文字を書こう。

① van van

② mug mug

③ fly fly

④ bat bat

複数の文字⑩　文字の名前を続けて聞いて、小文字を書こう。

① mix mix

② bus bus

③ cry cry

④ rope rope

●はじめの音に注意して、下の単語を聞いてみよう。

bag

bed

boy

book

確<sub>たし</sub>かにはじめの文字は同じだね。

---

**はじめの音⑦** 音声を聞いて、はじめの音が異なる単語の絵の□に✓を入れよう。

❶

□ fox（キツネ）

❷

□ fork（フォーク）

❸

□ fish（魚）

❹
□ ✓ cow（ウシ）

**はじめの音⑧** 音声を聞いて、はじめの音が異なる単語の絵の□に✓を入れよう。

❶

□ album（アルバム）

❷

□ ant（アリ）

❸

□ ✓ egg（卵）

❹

□ apple（リンゴ）

---

**複数の文字⑪** 文字の名前を続けて聞いて、小文字を書こう。

❶ hit  hit

❷ sky  sky

❸ bell  bell

❹ wolf wolf

**複数の文字⑫** 文字の名前を続けて聞いて、小文字を書こう。

❶ cap  cap

❷ mop mop

❸ duck duck

❹ quiz quiz

日本へようこそ！

# Welcome to Japan!

教科書 pp.74-75

**Our Goal** ▶ 日本の素敵な場所をグループで紹介しよう。

---

**Starting Out** ▶ どんな場所を紹介しているかを聞き取ろう。

**Listen and Think**

1. 英語を聞いて、場面の順に番号を書こう。

2. それぞれの場面で分かったことを書こう。

　Unit7 では、行きたい場所をたずねたり、行きたい理由を伝えたりするよ。

　次のページには、話している英語の一部がのっているよ。重要な表現を確認しよう。

　❖は音声が聞こえる時間を表すよ。p.194 に全文がのっているよ。

| 例 | **Where do you want to go? / Why do you want to go to 〜 ?**（あなたはどこに行きたいですか？）<br>（あなたはどうして〜に行きたいのですか？）<br>**I want to go to 〜 . / I want to 〜 .**<br>（わたしは〜に行きたい。）（わたしは〜したいです。） |

I want to に注意しながら、音声を聞いてみよう。

## 1 場面の順

Where 〜? は場所をたずねる表現、Why 〜? は理由をたずねる表現だよ。

**Ms. Baker**：I want to **take a trip in Japan.**
**Where do you want to go in Japan?**
（わたしは日本を旅行したいです。あなたは日本のどこへ行きたいですか？）

**Daichi**：I want to **go to Hirosaki in spring.**
（ぼくは春の弘前に行きたいです。）

**Ms. Baker**：**Why do you want to go to Hirosaki?**
（あなたはどうして弘前に行きたいの？）

**Daichi**：I want to **see the Cherry Blossom Festival. It's beautiful.**
（ぼくはさくらまつりを見たい。美しいです。）

**Ms. Baker**：**That sounds nice.**
（それはいいわね。）

- - - - - - - - - - - - - - - - - - - - - - - - - - - -

**Ms. Baker**：**How about you, Saki?**
（あなたはどうですか、早紀？）

**Saki**：I want to **go to Oze National Park.**
I want to **go hiking with my family!**
I want to **see the beautiful flowers in summer.**
（わたしは尾瀬国立公園に行きたい。家族とハイキングに行きたいです。わたしは夏にきれいな花々が見たいです。）

I want to 〜は「わたしは〜がしたい」という意味だよ。go to 〜は「〜へ行く」という意味で、to の後には場所を表す語が来るよ。

- - - - - - - - - - - - - - - - - - - - - - - - - - - -

It looks like 〜は「それは〜のような形をしている」という意味だよ。

**Ms. Baker**：**Where do you want to go, Lucas?**
（あなたはどこに行きたいですか、ルーカス？）

**Lucas**：I want to **go to Hokkaido.**
（ぼくは北海道に行きたいです。）

**Ms. Baker**：**Why do you want to go to Hokkaido?**
（あなたはどうして北海道に行きたいの？）

**Lucas**：I want to **go to Lake Toyoni. It looks like a heart. The trees are so colorful!**
（ぼくは豊似湖に行きたいです。それはハートの形に見えます。木々はとても色彩豊かです。）

is covered with ～は「～でおおわれる」という意味だよ。

❖ 00:05

**Sophia**：I want to go to **Shirakawa Village.**
（わたしは白川郷に行きたいです。）

❖ 00:20

**Ms. Baker**：Why do you want to go to Shirakawa Village?
（あなたはどうして白川郷に行きたいの？）

**Sophia**：I like old Japanese houses. In winter, the village is covered with snow. Everything is white. So it's very beautiful.
（わたしは日本の古い家が好きです。冬になると、村は雪で覆われて、全てが白です。とてもきれいなのです。）

❖ 00:46

**Sophia**：And I want to eat Hida Beef!
（そしてわたしは飛騨牛が食べたいです。）

┌─ 分かったことをメモしよう ─────────────────────

└──────────────────────────────────────

┌─ 2 分かったこと 解答例 ─────────────────────
1 ベーカー先生がどこに行きたいかをたずねると、大地は弘前に行きたいと言う。理由をたずねられるとさくらまつりが見たいと答える。
2 ベーカー先生が早紀はどうかとたずねると、早紀は尾瀬国立公園に行きたいと言う。そして家族とハイキングをして夏にきれいな花が見たいと言う。
3 ベーカー先生がルーカスにたずねると、ルーカスは北海道に行き、ハートの形をした豊似湖に行きたいと言う。
4 ソフィアは白川郷に行きたいと言う。理由をたずねられると、日本の古い家が好きだと言う。そして飛騨牛が食べたいと言う。

次の４線を使って、習った表現や単語を書く練習をしてみよう。

## 😊 Watch and Think

ベーカー先生が日本の行きたいところを紹介しているよ。映像を見て、質問に答えよう。

1 ベーカー先生がほしいティーポットの色の番号に○をつけよう。

① 赤　② 緑　③ もも(色)

red　　green　　pink

2 ベーカー先生に紹介したいあなたが日本で行きたい場所を考えよう。

**Your Plan** ▶

---

次ページの My Picture Dictionary の単語も参考にしながら、日本で行きたい場所を考えよう。

 動作など ▶ p.22

 季節 ▶ p.19

---

話している英語の一部から、重要な表現を確認しよう。

❖は音声が聞こえる時間を表すよ。p.195 に全文がのっているよ。

❖ 00:03

Ms. Baker : I want to go to Iwate. I want to buy a teapot like this one.
This is Nambu Tekki. It's traditional ironware from Iwate.

❖ 00:46

I want to buy a green teapot!
OK, it's your turn. Where do you want to go in Japan?

ベーカー先生：わたしは岩手に行きたいです。このような急須（ティーポット）を買いたいです。これは南部鉄器です。岩手産の伝統的な鉄製品です。
わたしは緑の急須（ティーポット）を買いたいです！それでは、あなたの番です。日本のどこに行きたいですか？

I want to buyに注意しながら、映像を見よう。

① 赤　② 緑　③ もも(色)

red　　green　　pink
赤　　　緑　　　ピンク

---

- Watch and Think 解答例 -

1 ②

2 I want to go to Okinawa. I want to swim in the beautiful sea.
（わたしは沖縄に行きたいです。美しい海で泳ぎたいです。）

**My Picture Dictionary**

動作など  ▶

| | | | | |
|---|---|---|---|---|
|  |  |  |  |  |
| spell | like | listen | want | play |
| つづる | 好きである | 聞く | ほしい | 〈スポーツなどを〉する |
|  |  |  |  |  |
| walk | run | dance | jump | catch |
| 歩く | 走る | 踊る | 跳ぶ | とる、つかまえる |
|  |  |  |  |  |
| swim | fly | sing | cook | have |
| 泳ぐ | 飛ぶ | 歌う | 料理する | 持っている |
|  |  |  |  |  |
| go | turn | see | look | drink |
| 行く | 向きを変える、曲がる | 見る、目を向ける | 見る、目を向ける | 飲む |

| | |
|---|---|
|  |  |
| eat | buy |
| 食べる | 買う |

季節

| | | | |
|---|---|---|---|
|  |  |  |  |
| spring | summer | fall | winter |
| 春 | 夏 | 秋 | 冬 |

**ポイント**

**want to**の後には、動作を表す単語が来るよ。これらの単語は動詞と言うよ。

次の４線を使って、習った表現や単語を書く練習をしてみよう。

 大地たちは行きたい場所についてどのような会話をしているのかな。

p.111 の会話をふりかえってみよう。

Ms. Baker : Where do you want to go in Japan?
（あなたは日本のどこに行きたいですか？）

Daichi : I want to go to Hirosaki in spring.
（ぼくは春の弘前に行きたいです。）

Ms. Baker : Why do you want to go to Hirosaki?
（あなたはどうして弘前に行きたいの？）

Daichi : I want to see the Cherry Blossom Festival.
It's beautiful.
（ぼくはさくらまつりを見たいです。美しいです。）

ガイド p.111 の会話を思い出そう。「〜がしたい」と言うときは I want to 〜.と言っていたね。

 ソフィアとお母さんの会話を聞いて、お母さんが行きたい場所の（ ）に○を書こう。

（　　）

（　　）

（　　）

**Let's Listen ① 解説**

話している英語の一部から、解答につながる表現を確認しよう。p.195 に全文がのっているよ。
Ruby: I want to go to Hakodate.（わたしは函館に行きたいわ。）
Sophia: Hakodate? Why?（函館？どうして？）
Ruby: I want to go to Fort Goryokaku. It looks like a star.
（わたしは五稜郭に行きたいの。それは星のように見えるのよ。）

 **Let's Try 1**

日本で「行きたい都道府県や都市名」と、「そこに行きたい理由」を
たずね合おう。

| 名前 | 行きたい都道府県や都市名 | そこに行きたい理由 |
|---|---|---|
| あなた | | |
| 友達 | | |

（君は日本のどこに行きたい？）

Where do you want to go in Japan?

（わたしは滋賀に行きたい。） I want to go to Shiga.

Why do you want to go to Shiga?

（君はどうして滋賀に行きたいの？） I want to go to Lake Biwa.

（わたしは琵琶湖に行きたいの。）

● Tips
地名や場所のよう
な相手に伝えたい
情報は強く読も
う。

**ポイント**

行きたい場所をたずねるときは Where do you want to go?、行きたい理由をたずねると
きは Why do you want to go to ～? と言うよ。

Let's Listen ① 解答
（　）（○）（　）

Let's Try ① 解答例
● I want to go to Kyoto. I like old Japanese temples.
（わたしは京都に行きたいです。日本の古い寺が好きなんです。）
● I want to go to Nagoya. I want to see Nagoya Castle.
（わたしは名古屋に行きたいです。名古屋城が見たいです。）

 **Let's Listen 2**

外国にいるソフィアのお父さんが日本の観光CMを見ているよ。何につ
いてのCMかな。聞こえた順に○の中に1～3の番号を書こう。

**Ibusuki Sand Bath**
指宿砂風呂

*goya champuru*
ゴーヤチャンプルー

**Jigokudani Monkey Park**
地獄谷野猿公苑

**Ginzan Onsen**
銀山温泉

**Tottori Sand Dunes**
鳥取砂丘

**Hitachi Seaside Park**
ひたち海浜公園

**Let's Listen ② 解説**

話している英語の一部から、解答につながる表現を確認しよう。p.196に全文がのっているよ。

①

Commercial: In summer, you can swim in the beautiful sea in Okinawa.

You can eat *goya champuru*.

（夏に沖縄の美しい海で泳ぐことができます。ゴーヤチャンプルーが食べられます。）

②

Commercial: Is this the sea? No, it's a sea of flowers.

Sky blue nemophila flowers. Visit Hitachi in May!

（これは海でしょうか？いいえ、花の海です。空色のネモフィラの花です。5月の常陸を訪れてください！）

③

Commercial: Wear a yukata! And take a sand bath!

You can relax in the sand. Please come to Ibusuki and enjoy a sand bath!

（浴衣を着てください！そして砂風呂に入ってください！砂の中でくつろげます。どうぞ指宿に来て、そして砂風呂を楽しんでください！）

**Let's Try ②** Let's Try ①で伝えた内容に、「そこでしたいこと」などもつけ加えて、たずね合おう。

| そこでしたいこと | （　　　　　　　　　　） |
|---|---|
|  |  |
|  |  |

What do you want to do in Lake Biwa?
（君は琵琶湖で何がしたいの？）

I want to go fishing. It's exciting.
（わたしは釣りに行きたい。わくわくするよ。）

● Tips

行きたい季節やその場所の感想・様子をつけ加えてもいいね。

**ポイント**

「〜で何がしたいか」とたずねるときは、What do you want to do in 〜?と言うよ。

##  My Picture Dictionary

感想・様子  ▶

| | | |
|---|---|---|
|  good 良い |  great すばらしい、すごい |  bad 悪い |

 nice すてきな、親切な

 amazing おどろくほどすばらしい

 fantastic すばらしい、すてきな

 wonderful すばらしい、おどろくべき

 beautiful 美しい

 cool かっこいい

 cute かわいい

 favorite お気に入りの

 interesting おもしろい

 exciting わくわくさせる

 famous 有名な

 popular 人気のある

 colorful 色あざやかな

 international 国際的な（こくさいてき）

 fun 楽しい

---

**Let's Listen② 解答**

*goya champuru*　1
Hitachi Seaside Park　2
Ibusuki Sand Bath　3

---

**Let's Try② 解答例**

● What do you want to do in Kyoto?（あなたは京都で何をしたいですか？）／ I want to take pictures of old temples.（古い寺の写真を撮りたいです。）
● What do you want to do in Nagoya?（あなたは名古屋で何をしたいですか？）／ I want to eat misokatsu. It is very famous.（味噌カツが食べたいです。とても有名なんです。）

グループで観光案内をして、
日本各地の魅力を伝えよう。

教科書
pp.78-79

**Step 1** これまでの学習をふり返って、七海に質問をしよう。

Nanami

（あなたは日本のどこに行きたいですか？）
Where do you want to go in Japan?

I want to go to Yokohama. （わたしは横浜に行きたいです。）

（どうして横浜に行きたいのですか？）
Why do you want to go to Yokohama?

I want to see Chinatown. （わたしは中華街が見たいです。）

行きたい場所をたずねるときは **Where do you want to go?**、行きたい理由をたずねるときは **Why do you want to go to 〜?** という言い方だったね。
答えるときは **I want to go to 〜**「〜に行きたい」、**I want to 〜**「〜したい」と言うよ。

**Step 2** 地方ごとにグループになり、その地方で行きたい場所の「観光案内カード」を作り、観光案内CMを考えよう。

巻末コミュニケーションカード

例

Kanto Area

Yokohama

上の4線にはグループで紹介したい地方を、下の4線にはあなたが紹介したい都道府県や都市名などを書こう。

あなたのグループが紹介したい地方

あなたが紹介したい都道府県や都市名など

Memo

表現例

（とても色あざやかです。）
❶ It's very colorful.

❷ I want to eat lunch there.
（わたしはそこで昼食を食べたいです。）

紹介したい場所の魅力は何かな。

発表に関連する表現例

Sounds nice!
（いいね！）

単語例

季節▶p.19

動作など▶p.22

感想・様子▶p.33

あなたが紹介したい場所をていねいに書こう。

(例) Tohoku Area Sendai

> 「行きたい地方」、「都道府県」や「都市名」を左下にメモしよう。表現例の意味も確認しておこう。

── 紹介したい場所　解答例 ──
- I want to go to Sendai. I want to see the Tanabata Festival. It's colorful and exciting.
  （私は仙台に行きたいです。七夕まつりが見たいです。カラフルでわくわくします。）

次の4線を使って、習った表現や単語を書く練習をしてみよう。

Welcome to Japan.　（ようこそ日本へ。）

（関東地方に行きましょう！）
Let's go to the Kanto Area!

（聞いてくれてありがとう。）
Thank you for listening.

例　▸　| 紹介する地方を言おう。 | ▸ | 観光案内CMを発表しよう。（おすすめの場所、したいことなどを伝えよう。） | ▸ | 終わりのあいさつをしよう。 |

🎧

♪ Welcome to Japan! Welcome to Japan! *Yokoso! Yokoso!* Welcome to Japan! ♪
　（♪ようこそ日本へ！ようこそ日本へ！ようこそ！ようこそ！ようこそ日本へ！♪）

**Brian, Nanami, and Akina :** Let's go to the Kanto Area!
　　　　　　（関東地方へ行きましょう！）

**Brian :** Where do you want to go in Japan?
　（あなたは日本のどこに行きたい？）

**Nanami :** I want to go to Yokohama.
　（わたしは横浜に行きたい。）

**Akina :** Why do you want to go to Yokohama?
　（どうして横浜に行きたいの？）

**Nanami :** I want to see Chinatown. It's very colorful.
　　　　　I want to eat lunch there.
　（わたしは中華街（ちゅうかがい）が見たい。とても色あざやかなの！わたしはそこで昼食を食べたいな。）

**Brian : Sounds nice!**
    （いいね！）

**Nanami : Where do you want to go?**
    （あなたはどこに行きたい？）

**Brian : I want to go to Maebashi . . . .**
    （わたしは前橋に行きたい…。）

**Brian, Nanami, and Akina : Thank you for listening.**
    （聞いてくれてありがとう。）

二次元コードから見られる映像を参考にして、会話で気をつけたいことをメモしよう。

| **Before** 会話で気をつけたいこと | **After** 活動のふり返り |
|---|---|
| | |
| | |

○ Tips 「行ってみたい！」と思ってもらえるように、笑顔や楽しそうな声で伝えよう。

---

会話で気をつけたいこと 解答例
- あいさつをする
- 相手に行きたい場所をたずねる
- どうして行きたいのかをたずねる
- 観光案内カードを見せながら、行きたい場所を伝える
- そこでしたいことなどを伝える
- 最後にお礼のあいさつをする

次の４線を使って、習った表現や単語を書く練習をしてみよう。

教科書 pp.82-83

# 終わりの音に慣れ親しもう（1）

単語の終わりの音に注目しよう。どんなことが分かるかな。
複数の文字の書き取りも続けていこう。速く正確に書き取れるようになったかな。 解答

**終わりの音①** 音声を聞いて、終わりの音が異なる単語の絵の□に✓を入れよう。

❶

□
can（かん）

❷

□
fan（せんす）

❸

□
pan（なべ）

❹

✓
bed（ベッド）

**終わりの音②** 音声を聞いて、終わりの音が異なる単語の絵の□に✓を入れよう。

❶

✓
ball（ボール）

❷

□
mop（モップ）

❸

□
top（コマ）

❹

□
hop（跳ぶ）

**複数の文字⑬** 文字の名前を続けて聞いて、小文字を書こう。

❶ cat　cat

❷ zip　zip

❸ bag　bag

❹ jam　jam

**複数の文字⑭** 文字の名前を続けて聞いて、小文字を書こう。

❶ dog　dog

❷ fox　fox

❸ red　red

❹ one　one

●終わりの音に注意して、下の絵を表す表現を聞いてみよう。

アクセントにも注意しよう。日本語にも同じようなものはあるかな。考えてみよう。

## 終わりの音③

音声を聞いて、終わりの音が異なる単語の絵の□に✓を入れよう。

❶

□ yen（円）

❷

☑ pot（深なべ）

❸

□ pen（ペン）

❹ **10**

□ ten（10）

## 終わりの音④

音声を聞いて、終わりの音が異なる単語の絵の□に✓を入れよう。

❶

□ pig（ブタ）

❷

□ dig（掘る）

❸

□ big（大きい）

❹

☑ cat（ネコ）

## 複数の文字⑮

文字の名前を続けて聞いて、小文字を書こう。

❶ sun sun

❷ leg leg

❸ fix fix

❹ kick kick

## 複数の文字⑯

文字の名前を続けて聞いて、小文字を書こう。

❶ two two

❷ pen pen

❸ why why

❹ quiz quiz

あなたのヒーローはだれ？

# Unit 8 Who is your hero?

教科書
pp.84-85

**Our Goal** あこがれの人について紹介し合おう。

---

**Starting Out** だれにあこがれているか聞き取ろう。

**Listen and Think**

1 英語を聞いて、場面の順に番号を書こう。

2 それぞれの場面で分かったことを書こう。

Unit8 では、あこがれの人について、たずねたり紹介したりするよ。

次のページには、話している英語の一部がのっているよ。重要な表現を確認しよう。

❖は音声が聞こえる時間を表すよ。p.199 に全文がのっているよ。

例　**Who is your hero?**
（あなたのヒーローはだれですか？）

**My hero is ～ . / He is ～ . / She is ～ .**
（わたしのヒーローは～です。）（彼は～です。）（彼女は～です。）

who に注意しながら音声を聞いてみよう。

---

## 1 場面の順

have a fever は「熱がある」という意味だよ。

**Sophia：** Mom, my head is hot....
（お母さん、頭が熱い…。）

**Ruby：** Really? Oh, you have a fever. Sit down on the sofa.
Now take this medicine.
（本当？　ああ、熱があるわね。ソファーにすわって。さあ、この薬を飲んで。）

---

My father is a hero! は「わたしの父はヒーローです！」という意味だよ。

**Saki：** Are you all right?
（だいじょうぶ？）

**Sophia：** I'm OK now. Thanks.
（今はもう元気。ありがとう。）

**Lucas：** Did you watch the soccer game last night?
My father got the winning goal.
My father is a hero!
（きのうの夜、サッカーの試合を見た？　ぼくのお父さんが決勝ゴールを決めたんだ。お父さんはヒーローだよ！）

---

Who is your hero? は「あなたのヒーローはだれ？」という意味だよ。角野栄子さんは女の人だから、She を使っているね。

❖ 00:07

**Mr. Oishi：** Who is your hero?
（あなたのヒーローはだれですか？）

**Ms. Baker：** My hero is Kadono Eiko.
She is a writer.
Her stories are wonderful.
（わたしのヒーローは角野栄子です。彼女は作家です。彼女の物語はすばらしいのです。）

---

ソフィアが母のことを紹介しているね。女の人だからここでも She を使っているよ。

**Mr. Oishi：** Sophia, it's your turn. Who is your hero?
（ソフィア、あなたの番です。あなたのヒーローはだれですか？）

**Sophia：** My hero is my mother. She is a smart researcher. She is good at cooking. She is very kind.
（わたしのヒーローはお母さんです。彼女は賢い研究者です。彼女は料理が得意です。彼女はとてもやさしいです。）

2 分かったこと 解答例

1 ソフィアは熱がある。お母さんのルビーが薬を飲むように言っている。

2 ソフィアは早紀にもう元気だと言っている。
きのうの夜、ルーカスのお父さんがサッカーの試合で決勝ゴールを決めた。

3 ベーカー先生のヒーローは角野栄子で、物語がすばらしいと言っている。

4 ソフィアのヒーローはお母さん。賢い研究者で、料理が上手で、とてもやさしい。

次の４線を使って、習った表現や単語を書く練習をしてみよう。

教科書
p.85

## 😮 Watch and Think

大石先生があこがれの人を紹介しているよ。映像を見て、質問に答えよう。

1 大石先生のあこがれの人が得意なことは何かな。番号に○をつけよう。

①
cooking

②
fishing

③
swimming

2 大石先生に紹介したいあなたのあこがれの人を考えよう。

**Your Plan** ▶

_____

_____

_____

_____

_____

話している英語の一部から、重要な表現を確認しよう。

❖は音声が聞こえる時間を表すよ。pp.199-200 に全文がのっているよ。

❖ 00:13
Mr. Oishi：He is good at cooking.
（彼は料理が得意です。）

❖ 00:33
He is my hero. OK, it's your turn. Who is your hero? Tell me about your hero!
( 彼はわたしのヒーローです。さあ、あなたの番です。あなたのヒーローはだれですか？あなたのヒーローについて教えてください。)

who に注意しながら、映像を見よう。

① cooking 料理
② fishing 魚つり
③ swimming 水泳

次ページの My Picture Dictionary の単語も参考にしながら、あなたのあこがれの人を考えてみよう。

My Picture Dictionary
 職業▶p.34
 性格など▶p.20

― Watch and Think 解答例 ―
1 ①
2 My hero is my best friend. He is good at running.
（わたしのヒーローは親友です。彼は走るのが得意です。）

**My Picture Dictionary**

職業  ▶

artist
<ruby>芸術家<rt>げいじゅつ</rt></ruby>

writer
作家

singer
歌手

comedian
お笑い芸人

doctor
医者

nurse
看護師
かんごし

vet
獣医
じゅうい

zookeeper
動物園の飼育員
しいく

cook
コック、料理人

baker
パン焼き職人
しょくにん

farmer
農場主

police officer
警察官
けいさつかん

fire fighter
消防士
しょうぼうし

pilot
パイロット

programmer
プログラマー

office worker
会社員

astronaut
宇宙飛行士
うちゅう

teacher
先生

researcher
研究者

scientist
科学者

flight attendant
客室乗務員
じょうむ

baseball player
野球選手

mountaineer
登山家

now
今

future
未来、将来
しょうらい

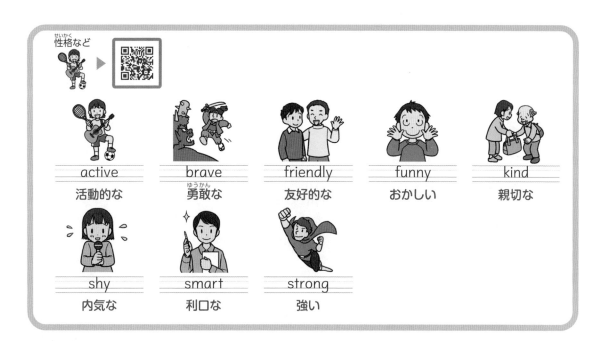

性格など

| active | brave | friendly | funny | kind |
|--------|-------|----------|-------|------|
| 活動的な | 勇敢な | 友好的な | おかしい | 親切な |

| shy | smart | strong |
|-----|-------|--------|
| 内気な | 利口な | 強い |

ポイント

性格などを表す単語のことを「形容詞」というよ。

次の4線を使って、習った表現や単語を書く練習をしてみよう。

## Your Turn あこがれの人について友達と紹介し合おう。

教科書 pp.86-87

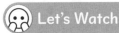 ソフィアたちはあこがれの人についてどのようなことを話しているのかな。

p.127 の会話をふりかえってみよう。

**Mr. Oishi**：Who is your hero?
（あなたのヒーローはだれですか？）

**Sophia**：My hero is **my mother.**
She is **a smart researcher.**
She is **good at cooking.** She
is **very kind.**
（わたしのヒーローはお母さんです。彼女は賢い研究者です。彼女は料理が得意です。彼女はとてもやさしいです。）

ガイドp.127の会話を思い出そう。whoを使ってヒーローはだれかをたずねていたね。

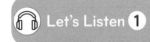 ソフィアが家族にあこがれの人をたずねているよ。会話を聞いて、聞こえた順に○の中に 1 ～ 3 の番号を書こう。

basketball player
バスケットボール選手

pianist
ピアノ奏者

voice actor
声優

**Let's Try ① 1** あなたのあこがれの人やその人の職業などについて、たずね合おう。

| | 名前 | あこがれの人 | 職業など |
|---|---|---|---|
| あなた | | | |
| 友達 | | | |

Who is your hero? （あなたのヒーローはだれ？）

My hero is Matsuyama Hideki.
He is a golfer.

（わたしのヒーローは松山英樹だよ。彼はゴルファーだよ。）

● **Tips**

男の人と女の人では、その人を表す言葉が異なっていたね。Unit 4 で学習したことをふり返ろう。

**ポイント**

ヒーローについてたずねるとき、Who is your hero? と言うよ。Whoは「だれ」という意味を表すよ。

ヒーローを答えるとき、My hero is ～．と言うよ。「～」にあなたのヒーローを入れよう。その人が男の人ならHe、女の人ならSheを使って、He[She]is ～．と言おう。

「～」の部分には、職業などを入れると、相手にヒーローのことを説明することができるよ。

**Let's Listen① 解答**

2、3、1

**Let's Try① 解答例**

● My hero is my father. He is a pilot.
（わたしのヒーローは父です。彼はパイロットです。）

● Ken's hero is Otani Shohei. He is a famous baseball player.
（ケンのヒーローは大谷翔平です。彼は有名な野球選手です。）

魚つり fishing

活動的な active

## Let's Listen ② ルーカスと早紀のあこがれの人についての発表とその後の会話を聞いて、それぞれの人物の得意なことなどを線で結ぼう。

1

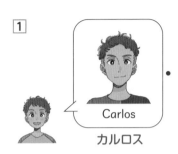
Carlos
カルロス

英会話 speaking English

2

Taiyo
太陽

ランニング running

やさしい kind

頭のいい smart

## Let's Listen ② 解説

話している英語の一部から、解答につながる表現を確認しよう。pp.201-202に全文がのっているよ。

1
Lucas: My hero is my father. He is a soccer player. He is good at running.
He can run 15 kilometers in one match. He is very active.
（ぼくのヒーローはお父さんです。彼はサッカー選手です。彼は走るのが得意です。彼は1試合に15km走ることができます。彼はとても活動的です。）
Ms. Baker: What's your father's name?
（あなたのお父さんの名前は何？）
Lucas: Carlos Costa!
（カルロス・コスタ！）

2
Saki: This is Goto Taiyo. He is my brother.
（こちらは後藤太陽です。彼はわたしのお兄さんです。）
Mr. Oishi: Why is he your hero?
（なぜ彼があなたのヒーローなの？）
Saki: Well, he is good at speaking English. He is very kind. He is my hero.
（ええと、彼は英語を話すのが上手です。彼はとてもやさしいです。彼はわたしのヒーローです。）

**Let's Try ②** p.133 の Let's Try ① のあこがれの人が得意なことなどについて紹介し合おう。

| 得意なこと | その他 |
|---|---|
|  |  |
|  |  |

My hero is Ms. Tamai.
She is good at playing table tennis.
She is kind.

● Tips
得意なことに加えて、性格なども
つけ加えられるといいね。

（わたしのヒーローは玉井先生です。彼女は卓球が得意です。彼女はやさしいです。）

**ポイント**

得意なことを表すとき、He[She] is good at 〜.と言うよ。「〜」の部分には得意なことを
表す動作や名詞が入るよ。
性格は、He[She] is 〜.と言うよ。「〜」の部分に性格を表す単語を入れよう。

**Let's Listen② 解答**
1. Carlos – running – active
2. Taiyo – speaking English – kind

**Let's Try② 解答例**
● My hero is Mr. Murai. He is good at speaking English. He is smart. （わたしのヒーローはムライ先生です。彼は英語を話すのが得意です。彼は頭がいいです。）
● Mari's hero is her mother. She is a famous artist. She is active. （マリのヒーローはお母さんです。彼女は有名な芸術家です。彼女は活動的です。）

 遊びなど ▶ p.31

 **My Picture Dictionary** 遊びなど ▶

|  |  |  |  |  |
|---|---|---|---|---|
| camping | dancing | fishing | hiking | shopping |
| キャンプ | 踊り | 魚つり | ハイキング | 買い物 |

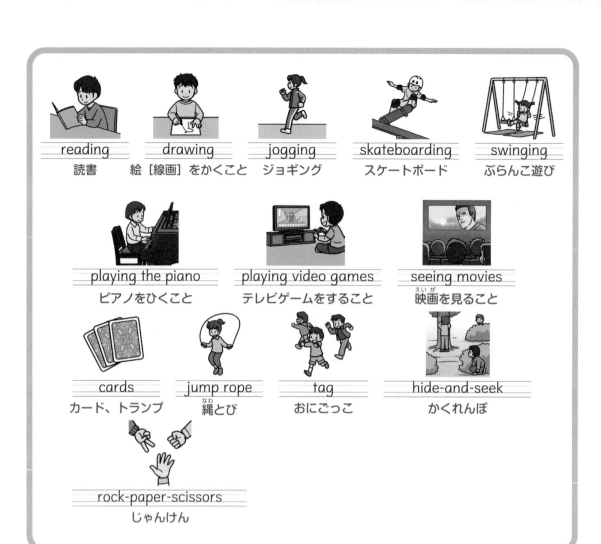

reading
読書

drawing
絵［線画］をかくこと

jogging
ジョギング

skateboarding
スケートボード

swinging
ぶらんこ遊び

playing the piano
ピアノをひくこと

playing video games
テレビゲームをすること

seeing movies
映画を見ること

cards
カード、トランプ

jump rope
縄とび

tag
おにごっこ

hide-and-seek
かくれんぼ

rock-paper-scissors
じゃんけん

次の4線を使って、習った表現や単語を書く練習をしてみよう。

あこがれの人について紹介して、
おたがいのことをよく知ろう。

教科書
pp.88-89

**Step 1** 文を指で追いながら、ブライアンの発表を聞こう。

Brian

My hero is Yamanaka Shinya.
（ぼくのヒーローは山中伸弥です。）

He is a famous scientist.
（彼は有名な科学者です。）

He is good at running marathons.
（彼はマラソンを走るのが得意です。）

He is amazing. （彼はすばらしいです。）

ヒーローを紹介するとき、**My hero is ～.** と表すことを思い出そう。男の人を紹介するときは **He**、女の人のときは **She** を使うのだったね。

**Step 2** 「あこがれの人カード」を作り、ペアでその人を紹介しよう。

巻末
コミュニケーション
カード

例　My Hero Card
Hero's name
Yamanaka
Shinya

| 紹介したいあこがれの人 | |
|---|---|
| あなたとの関係や職業など | |

Memo

表現例

 ❶ I have a question. （質問があります。）

❷ Can he speak English well?
（彼は英語を上手に話すことができますか？）

発表に関連する表現例

単語例

 性格など▶p.20
 動作など▶p.22
 感想・様子▶p.33
職業▶p.34

Good job!
（よくやったね！）

あなたが紹介したい人をていねいに書こう。

（例）Yamanaka Shinya

あなたの「紹介したいあこがれの人」や「あなたとの関係や職業など」を左下にメモしよう。表現例の意味も確認しておこう。

紹介したいあこがれの人　解答例

● My hero is my father. He is a pilot. He can fly around the world. He is good at dancing. He is cool.
（わたしのヒーローはお父さんです。彼はパイロットです。彼は世界中で飛行できます。彼は踊りが得意です。彼はかっこいいです。）

## Step 2 単語例

感想・様子  ▶

good
良い

great
すばらしい、
すごい

bad
悪い

nice
すてきな、親切な

amazing
おどろくほど
すばらしい

fantastic
すばらしい、
すてきな

wonderful
すばらしい、
おどろくべき

beautiful
美しい

cool
かっこいい

cute
かわいい

favorite
お気に入りの

interesting
おもしろい

exciting
わくわくさせる

famous
有名な

popular
人気のある

colorful
色あざやかな

international
こくさいてき
国際的な

fun
楽しい

次の４線を使って、習った表現や単語を書く練習をしてみよう。

(この写真を見てください。)

Look at this picture.

(こんにちは、みなさん。)

Hello, everyone.

(聞いてくれてありがとう。)

Thank you for listening.

例　　はじまりのあいさつをしよう。　▶　あなたのあこがれの人を発表しよう。（職業や得意なこと、感想などを紹介しよう。）　▶　終わりのあいさつをしよう。

Brian：Hello, everyone. Who is your hero? Look at this picture. My hero is Yamanaka Shinya. He is a famous scientist. He is a winner of the Novel Prize. He is good at running marathons. He is amazing. Thank you for listening.

（こんにちは、みなさん。あなたのヒーローはだれですか。この絵を見てください。ぼくのヒーローは山中伸弥です。彼は有名な科学者です。彼はノーベル賞の受賞者です。彼はマラソンを走るのが得意です。彼はすばらしいです。聞いてくれてありがとう。）

Mr. Robinson：Good job!（よくできました！）

Deepa：I have a question, Brian. Can he speak English well?
（質問があります、ブライアン。彼は英語を上手に話すことができますか？）

Brian：Yes, he can. He can speak English very well.

（はい、できます。彼は英語をとても上手に話すことができます。）

二次元コードから見られる映像を参考にして、発表で気をつけたいことをメモしよう。

| Before | 発表で気をつけたいこと | After | 活動のふり返り |
| --- | --- | --- | --- |
| | | | |

Tips　聞き手は発表者のあこがれの人について質問をして、理解を深めよう。

─ 発表で気をつけたいこと 解答例 ─
- はじまりのあいさつをする　　● 「あこがれの人カード」を見せて、ヒーローを紹介する　　● ヒーローの職業を伝える
- ヒーローの得意なことを伝える　　● 聞き手はヒーローについて質問をして、理解を深める

教科書
pp.92-93

# 終わりの音に慣れ親しもう（2）

単語の終わりの音に注目しよう。どんなことが分かるかな。
複数の文字の書き取りでは、大文字と小文字をきちんと書けるかな。 解答

**終わりの音⑤** 音声を聞いて、終わりの音が異なる単語の絵の□に✓を入れよう。

①
□ sun（太陽）

②
✓ box（箱）

③
□ fun（楽しい）

④
□ run（走る）

**終わりの音⑥** 音声を聞いて、終わりの音が異なる単語の絵の□に✓を入れよう。

①
□ cat（ネコ）

②
□ mat（マット）

③
✓ ship（船）

④
□ hat（ぼうし）

**複数の文字⑰** 人の名前の後に言われる文字の名前を続けて聞いて、文字を書き取ろう。

① Ken
② Jones
③ Lucas
④ Baker

**複数の文字⑱** 国名や地名の後に言われる文字の名前を続けて聞いて、文字を書き取ろう。

① China
② Spain
③ India
④ Paris

Sophia  Japan

月や曜日のはじめも大文字だね。

### 終わりの音⑦
音声を聞いて、終わりの音が異なる単語の絵の□に✓を入れよう。

①
□
sing（歌う）

②
□
king（王）

③
□
ring（指輪）

④
☑
moon（月）

### 終わりの音⑧
音声を聞いて、終わりの音が異なる単語の絵の□に✓を入れよう。

①
□
frog（カエル）

②
□
dog（イヌ）

③
☑
sheep（ヒツジ）

④
□
jog（ジョギングする）

### 複数の文字⑲
国名や地名の後に言われる文字の名前を続けて聞いて、文字を書き取ろう。

① Egypt

② Italy

③ Rome

④ Seoul

### 複数の文字⑳
月の名前の後に言われる文字の名前を続けて聞いて、文字を書き取ろう。

① May

② June

③ April

④ March

**Over the Horizon**　世界や日本の名前などについて考えよう。 解答例

文化探検 　さまざまな名前についての映像を見て、質問に答えよう。

教科書
pp.14-15

1

この人のイニシャルを大文字でなぞろう。

E M

2

この人のイニシャルを大文字で書こう。

O M J

3

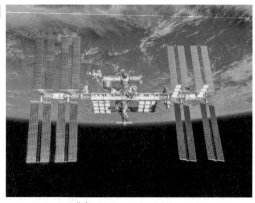

このしせつを略した名前を大文字で書こう。

I S S

4

この国を略した名前を大文字で書こう。

U A E

フカボリ！　あなたの身の回りで、アルファベットと形がにているものはあるかな。見つけた文字を書こう。

（例）

S T U

L O I

タブレット端末で撮影して見せ合ってもいいね。

北海道地方へ
日本探検  　韓国から来て北海道で働くシンさんの映像を見て、質問に答えよう。

アイヌの人が
大切にしている
ものは何だろう。

1 アイヌの人は何の動物のためにおどって
いたかな。番号に○をつけよう。

① 　② 　③

bear　　　dog　　　fish

2 アイヌ文化について、分かったことを書こう。

(例)
・アイヌの人はクマの魂のために踊る。

・アイヌの人は自然を尊敬している。

3 アイヌ文化について、あなたがもっと
知りたいことは何かな。

(例)
・アイヌの人の食事について知りたい。

・アイヌの言葉をもっと知りたい。

ことば探検  　英語を話す人が下のローマ字の地名を言うのを聞いてみよう。

1  　Shiga　　　Siga

2  　Aichi　　　Aiti

3  　Hukusima　　　Fukushima

気づいたことを書こう。
(例)
日本人は同じように発音するが、

英語を話す人は違う発音になる。

Small Talk

What are your initials?

Sounds and Letters

X～Z　　　BINGO

Plus! Word Quiz

+ − × ÷

教科▶p.28

Over the Horizonのふり返り
★ 世界の人と理解し合うために、
名前などについて考えたかな。

世界の祭りなどについて考えよう。 解答例

文化探検 😁 🖊 世界の祭りについての映像を見て、質問に答えよう。

教科書
pp.24-25

1

❶ この祭りで活躍する動物の番号に○をつけよう。

①  ② （○）elephant ③ tiger

crocodile　　elephant　　tiger

❷ この祭りは何月に行われるかな。単語をなぞろう。

April

2

❶ ウマ乗り競技に参加する人の年齢は何歳から何歳までかな。

6 歳から　12 歳まで

❷ この祭りは何月に行われるかな。単語をなぞろう。

July

3

❶ この祭りは何日間続くかな。

9 日間

❷ この祭りは何月に行われるかな。単語をなぞろう。

October

フカボリ！ 外国から日本に来たイベントや祭りはあるかな。

| （例） |
|---|
| ・バレンタイン |
| ・ハロウィン |
| ・クリスマス |

**東北地方へ**
**日本探検** イギリスから来て宮城県（みやぎ）で働くオペさんの映像を見て、質問に答えよう。

お母さんへの
プレゼントを
作ってもらったよ。

1 ろくろはどのように回るかな。
番号に○をつけよう。

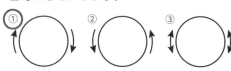

① ② ③

2 陶芸（とうげい）について、分かったことを書こう。

（例）
・ろくろは時計回りに回る
・ろくろを回しながら、手でカップの
形を作る

3 あなたがオペさんに教わって作ってみたい
ものは何かな。

（例）
・皿
・茶わん
・花びん

**ことば探検** 時代劇（げき）を見て困（こま）っている外国の人がいるよ。助けてあげよう。

おいどんは西郷隆盛（さいごうたかもり）でごわす。

気づいたことを書こう。
（例）
英語のⅠや you は、日本語ではいろいろ
な言い方がある。

💬 Small Talk

What event do you like?

Sounds and Letters

x～z

Plus! Word Quiz

**5月**

月▶p.18

≫ Over the Horizonのふり返り
★ 世界の人の生活を知るために、
祭りなどについて考えたかな。

## Over the Horizon

世界で使われているジェスチャーなどについて
考えよう。

解答例

**文化探検** さまざまな国のジェスチャーについての映像を見て、意味を予想しよう。

教科書
pp.34-35

1 タイで使われているジェスチャー

| 予想 |
|---|
| 答え　　こんにちは |

2 フランスで使われているジェスチャー

| 予想 |
|---|
| 答え　　信じられない |

3 イタリアで使われているジェスチャー

| 予想 |
|---|
| 答え　　おいしい |

**フカボリ！** 日本とアメリカの手話を見てみよう。

気づいたことや考えたことを書こう。

（例）
「こんにちは」の手話は似ているが、

「ありがとう」はまったくちがう。

英語を使って
会話を広げよう！
▶表紙うら-p.1

近畿地方へ
**日本探検** 👦 ネパールから来て奈良県で働くシェルパさんの映像を見て、質問に答えよう。

すごい！
忍者みたいだ！

**1** シェルパさんのふるさとの村から見える
ものはどれかな。番号に○をつけよう。

①   ②   ③

**2** シェルパさんができることについて、
分かったことを書こう。

(例)
・ロープで木に登ることができる。

・チェーンソーで木を切ることができる。

**3** シェルパさんの仕事について、あなたが
感じたことを書こう。

(例)
高いところで木を切ることは危なそう。

**ことば探検** 🎧 聞こえた順に（　）に番号を書こう。

（　1　）

（　2　）

気づいたことを書こう。
(例)
最初の単語は「〜は」
を、最後の単語は「〜
を」をつけて考える。

Bugs eat plants .
虫　　　　植物

💬 **Small Talk**

Can you do this?

👥✏️ **Sounds and Letters**

l t ダイビンググループ　　k v とんがりグループ

Plus! **Word Quiz**

My Picture Dictionary
動作など ▶ p.22

≫ **Over the Horizonのふり返り**
★ 世界の人と理解し合うために、
ジェスチャーなどについて考えたかな。

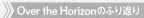

## Over the Horizon

世界の言葉などについて考えよう。 解答例

文化探検 ディーパの映像について、質問に答えたり、友達と会話をしたりしよう。

教科書 pp.46-47

①

I

Deepa

②

he

③

she

④

we

1 ディーパはどのように写真の人や動物を紹介しているかな。下から選んで4線に書き写そう。

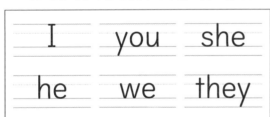

I   you   she
he   we   they

2 1で学習したことを意識しながら、友達と会話をしよう。

フカボリ！ 英語で「ウシ」を表す言葉について考えよう。

気づいたことや考えたことを書こう。

（例）　英語には「ウシ」を表す単語が

たくさんある。

中部地方へ
日本探検 👹　静岡県で働くバーナベさんの映像を見て、質問に答えよう。

ぼくもはいて
みたいな。

1 バーナベさんはどこの国の出身かな。番号に○をつけよう。

① 　② 　③

2 バーナベさんや下駄について、分かったことを書こう。

（例）
・ケベックの人々はフランス語を話す。
・バーナベさんの店の下駄はヒノキを使っている。
・地元の木材を使うのは森にとってよい。

3 日本の伝統的なはき物や衣服について、あなたが考えたことを書こう。

（例）
日本には下駄や着物など、すばらしいはき物や衣服があるが、実際に身につけることが少ない。

ことば探検 👹　日本語のままで英語国の人に伝わると思うものを予想して（　）に○を書こう。

1
（　　　　）

2
（　　　　）

3
（　　　　）

4
（　　　　）

気づいたことを書こう。
（例）
英語だと思っていた言葉が、
実際はちがう単語だったり、
意味がちがっていることが
ある。

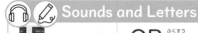
💬 Small Talk
How do you say *eakon* in English?

Plus! Word Quiz
My Picture Dictionary
性格など ▶ p.20

🎧✏️ Sounds and Letters
アクセント④　QR 複数の文字④

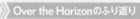
≫ Over the Horizonのふり返り
★ 世界の人と理解し合うために、世界の言葉などについて考えたかな。

世界の標識などについて考えよう。　解答例

 文化探検　海外の標識についての映像を見て、質問に答えよう。

教科書 pp.58-59

1 それぞれの標識がある場所を下から選んで書き写そう。

❶ airport

❷ beach

airport

hotel

savanna

beach

2 それぞれの標識から分かったことを書こう。

（例）英単語の意味がわからなくても、描かれている絵から場所が推測できる。

フカボリ！ アメリカで使われている左の地図記号は何を表しているのか予想しよう。

| あなたの予想 | 答え |
| --- | --- |
|  | ピクニックエリア |

中国地方へ
日本探検  グアテマラから来て広島県で働くロペズさんの映像を見て、質問に答えよう。

> とてもおいしかったよ。

1 ロペズさんのお好み焼きはどんな味だったかな。番号に〇をつけよう。

① 　② 　③

2 お好み焼きについて、分かったことを書こう。

（例）
・お好み焼きは広島の地元の食べ物だ。

・人々はロペズさんの店でお好み焼きを

楽しんでいる。

3 あなたはどんなお好み焼きを作ってみたいかな。

（例）
・チキンを使ったお好み焼き

・シーフードをたくさん使ったお好み

焼き

---

ことば探検  話す速さを変えるとどんなふうに聞こえるかな。

1

Good morning.

2

It is sunny.

3

Nice to meet you.

気づいたことを書こう。
（例）
速く話されると音が

聞こえなかったり、

つながって聞こえた

りする。

---

💬 **Small Talk**

What do you have on Mondays?

🎧✏️ **Sounds and Letters**

 はじめの音④　**VS**　複数の文字⑧

Plus! **Word Quiz**

My Picture Dictionary 町 ▶ p.26

≫ **Over the Horizonのふり返り**

★ 世界の町を知るために、標識などについて考えたかな。

**Over the Horizon**

## 世界の料理や食文化などについて考えよう。 解答例

文化探検 😱 🖊 世界の料理についての映像を見て、質問に答えよう。

 My Picture Dictionary 食べ物 ▶ p.12
動物 ▶ p.16
味など ▶ p.15

教科書 pp.68-69

1

どんな料理を作っているのかな。

pizza

2

このプリンは何から作られているかな。

rice

3

どんな動物の乳しぼりをしているのかな。

camel

4

この人の感想をなぞろう。

It's delicious.

フカボリ！ 世界の食事の食べ方は大きく3種類に分けられると言われているよ。

chopsticks

knife and fork

hands

なぜこのようなちがいが
あるのだろう。
（例）
その国で食べられるも

ののちがいで、食べ方

もちがってくる。

## 日本探検 九州地方へ

スロベニアから来て佐賀県で働く徳永さんの映像を見て、質問に答えよう。

1 スロベニアは何のスポーツで有名かな。番号に○をつけよう。

①  skating　②  swimming　③  skiing

2 お茶について、分かったことを書こう。

(例)
・嬉野茶は佐賀のお茶である。
・スロベニアの人々は毎日ハーブティーを飲んでいる。

3 あなたはどんなお茶を外国の人に紹介したいかな。

(例)
・冷たい麦茶
・玉露

ちょっと一息つきたいな。

## ことば探検

次の食べ物は外国から日本に伝わったものだよ。
外国語での発音を聞いて、それぞれ線で結ぼう。

1  Germany
2  France
3  Portugal

気づいたことを書こう。
(例)
外国から来た食べ物の名前が日本でそのまま使われていることがある。

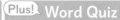 **Small Talk**
What food do you like?

  **Sounds and Letters**
はじめの音⑧　cap 複数の文字⑫

Plus! **Word Quiz**

食べ物 ▶ p.12

 **Over the Horizonのふり返り**
★ 世界の食文化を知るために、料理などについて考えたかな。

世界に影響をあたえている日本文化について考えよう。

解答例

文化探検 ヨーロッパの日本ブームについての映像を見て、質問に答えよう。

教科書 pp.80-81

『タンギー爺さんの肖像』（フィンセント・ファン・ゴッホ作）

『ラ・ジャポネーズ』（クロード・モネ作）

**1** 2つの絵にえがかれている日本のものをさがそう。

（例）
　・浮世絵　・着物　・うちわ　・扇子

**2** 右の絵はどのように紹介されていたかな。　　感想・様子 ▶ p.33

# It's beautiful!

日本の明治時代に
えがかれた絵だよ。

フカボリ！ 今、世界に影響をあたえている日本文化にはどのようなものがあるかな。

（例）
　・アニメ　・将棋

　・柔道　・折り紙

関東地方へ<sup>かんとう</sup>

日本探検  インドネシアから来て東京都<sup>とうきょう と</sup>で働くエリカさんの映像を見て、質問に答えよう。

1 エリカさんが行ったことのある場所はどこかな。番号に○をつけよう。

①
castle

②
museum

③
shrine

とっても
楽しそう！

2 エリカさんについて、分かったことを書こう。

(例)
・ユーチューバーである、お母さんは日本人
・日本の文化についての動画がたくさんある
・着物といちご大福が大好き
・山梨に行って、美しい湖と富士山が見たい

3 あなたが外国の人に紹介したい日本文化は何かな。

(例)
・歌舞伎<sup>か ぶ き</sup>　・忍者<sup>にんじゃ</sup>
・柔道<sup>じゅうどう</sup>　・茶道<sup>さ どう</sup>

ことば探検  映像を見て、英語として使われている日本語を英語で4線に書こう。

他にはどんな例があるかな。
(例)
・kimono
・sukiyaki
・sushi
・samurai

1
## sumo

2
## karaoke

Small Talk
What do you like about Japanese culture?

Sounds and Letters
終わりの音④　two　複数の文字<sup>ふくすう</sup>⑯

Plus! Word Quiz

My Picture Dictionary
季節 ▶ p.19　感想・様子 ▶ p.33

≫ Over the Horizonのふり返り
★ 日本の魅力<sup>み りょく</sup>を知るために、世界に影響をあたえている日本文化について考えたかな。

日本のヒーローの魅力などについて考えよう。 解答例

文化探検  日本のヒーローについての映像を見て、質問に答えよう。

教科書 pp.90-91

❶

❷

1 写真の人物の職業は何かな。下から選んで書き写そう。

## mountaineer   doctor

 doctor

 farmer

 mountaineer

 teacher

 vet

2 日本の2人のヒーローについて分かったことを書こう。

| ❶ | (例)<br>・田部井淳子さんは登山家だった。<br>・エベレスト山の頂上に初めて登った女性だった。 |
|---|---|
| ❷ | (例)・中村哲さんは医者だった。<br>・アフガニスタンの多くの人を助けた。<br>・用水路も作り、乾いた土地が緑地に変わった。 |

世界で活躍している日本人はたくさんいるよ。

フカボリ! あなたが知っている海外の有名な人はだれかな。その人はどんなことをしたかな。友達に教えてあげよう。

(例)
・マザー・テレサはカトリックの修道女で、インドの貧しい人々や病気の人々のためにつくした。
・トーマス・エジソンは発明家で、電球や蓄音機などさまざまなものを発明した。
・マララ・ユスフザイは人権活動家で、世界最年少でノーベル平和賞を受賞した。

Tips インターネットなどで調べてみてもいいね。

日本探検 中部地方へ  イギリスから来て石川県で働くロスさんの映像を見て、質問に答えよう。

**1** ロスさんは漆でどんな作品を作っているかな。番号に○をつけよう。

①
②
③

bag　　　box　　　chair

**2** ロスさんについて、分かったことを書こう。

（例）
・輪島塗のギャラリーを持っている。
・輪島塗の箱、おわん、ネックレスなどを作っている。
・彼女のヒーローは人間国宝の松田権六である。

**3** あなたは漆や輪島塗のどんな作品を見てみたいかな。

（例）
・箱
・おわん
・アクセサリー
・はし

とてもきれいだね。

ことば探検  職業を表す単語の音の終わり方を比べよう。

❶  sing**er**

❷  teach**er**

❸  scient**ist**

❹  music**ian**

他の例もさがしてみよう。

（例）
・writer
・artist
・comedian

My Picture Dictionary
職業 ▶ p.34

 Small Talk

What character do you like?

  Sounds and Letters

 終わりの音⑧ May 複数の文字⑳

Plus! Word Quiz

My Picture Dictionary
職業 ▶ p.34

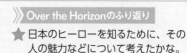 Over the Horizonのふり返り

★ 日本のヒーローを知るために、その人の魅力などについて考えたかな。

**Listen and Think**

**No.1**

Saki : Hello. My name is Saki. Nice to meet you. What's your name?

Lucas : My name is Lucas. Nice to meet you, too.
This is my friend, Daichi.

Daichi : Hi. I'm Daichi. Nice to meet you. よろしくね。

**No.2**

Mr. Oishi : Hello, everyone. Listen. This is your new classmate, Sophia.

Sophia : Hello, I'm Sophia Jones. I'm from Australia.

Ms. Baker : Do you have any questions?

Lucas : How do you spell your name?

Sophia : S-O-P-H-I-A. Sophia.

Daichi : What subject do you like?

Sophia : I like P.E. I play rugby.

Lucas : Really? Let's play tag rugby together!

Sophia : Sounds nice!

**No.3**

Sophia : This looks delicious!

Lucas : I like curry and rice! What food do you like?

Sophia : I like crocodile steak.

Lucas : Crocodile steak?

Sophia : Yes. It's delicious and healthy.

Saki : How do you say "crocodile" in Japanese?

Ms. Baker : In Japanese, it's "wani."

Saki : Wow!

**No.4**

Mr. Oishi : Look. We have a nice, big library.

Sophia : Great!

**No.1**

早紀 : こんにちは。わたしの名前は早紀です。はじめまして。あなたの名前は何ですか。

ルーカス : わたしの名前はルーカスです。こちらこそ、はじめまして。こちらはわたしの友達の大地です。

大地 : やあ。わたしは大地です。はじめまして。よろしくね。

**No.2**

大石先生 : こんにちは、みなさん。聞いてください。こちらは新しいクラスメートのソフィアです。

ソフィア : こんにちは。わたしはソフィア・ジョーンズです。オーストラリアの出身です。

ベーカー先生 : 質問はありますか。

ルーカス : あなたの名前はどのようにつづりますか。

ソフィア : S-O-P-H-I-A。ソフィアです。

大地 : あなたはどの教科が好きですか。

ソフィア : わたしは体育が好きです。わたしはラグビーをします。

ルーカス : 本当？一緒にタグラグビーをしましょう！

ソフィア : いいですね！

**No.3**

ソフィア : これはおいしそうですね。

ルーカス : わたしはカレーライスが好きです！あなたの好きな食べ物は何ですか。

ソフィア : わたしはクロコダイルステーキが好きです。

ルーカス : クロコダイルステーキ？

ソフィア : はい。とてもおいしくて、健康によいです。

早紀 : 日本語で「クロコダイル」はどう言いますか。

ベーカー先生 : 日本語では「ワニ」です。

早紀 : わあ！

**No.4**

大石先生 : 見てごらん。わたしたちのすてきで、大きな図書室です。

ソフィア : すばらしいですね！

Daichi : Do you have a library card?

Sophia : No, I don't. I don't have a library card.

Daichi : It looks like this.

Sophia : Are you Daiti?

Daichi : No, I'm Daichi.

Sophia : Oh. For English speakers, use D-A-I-C-H-I.

Daichi : Really?

大地：あなたは図書室カードを持っていますか。

ソフィア：いいえ。わたしは図書室カードを持っていません。

大地：このようなものです。

ソフィア：あなたはダイティですか。

大地：いいえ、わたしはダイチです。

ソフィア：あら。英語を話す人のためには、D-A-I-C-H-Iを使うといいよ。

大地：本当？

## Watch and Think

教科書 p.9

Lucas : Hello, I'm Lucas Costa. L-U-C-A-S, Lucas! I'm from Brazil. I like P.E. I like soccer very much. I play soccer every day. Brazil is famous for soccer.
How about you? What do you like?

ルーカス：こんにちは、わたしはルーカス・コスタです。L-U-C-A-S、ルーカスです！わたしはブラジルの出身です。わたしは体育が好きです。わたしはサッカーがとても好きです。わたしは毎日サッカーをします。ブラジルはサッカーで有名です。あなたはどうですか。何が好きですか。

## Let's Watch 1

教科書 p.10

(Ms. Baker : Do you have any questions?)

Daichi : How do you spell your name?

Sophia : S-O-P-H-I-A. Sophia.

(Lucas : What subject do you like?)

（ベーカー先生：質問はありますか。）

大地：あなたの名前はどのようにつづりますか。

ソフィア：S-O-P-H-I-A。ソフィアです。

（ルーカス：あなたはどの教科が好きですか。）

## Let's Listen 1

教科書 p.10

例

Saki : Hello, I'm Saki. Nice to meet you.

Sophia : I'm Sophia. Nice to meet you, too. Saki. That sounds nice. How do you spell your name?

Saki : S-A-K-I.

Sophia : S-A-K-I. Thank you.

例

早紀：こんにちは、わたしは早紀です。はじめまして。

ソフィア：わたしはソフィアです。こちらこそ、はじめまして。
早紀。すてきですね。 あなたの名前はどのようにつづりますか。

## No.1

Lucas : Hello, I'm Lucas. Nice to meet you.
Sophia : I'm Sophia. Nice to meet you, too.
　　　　How do you spell your name?
Lucas : L-U-C-A-S.
Sophia : L-U-C-A-S. Thank you.

## No.2

Lucas : Sophia, what's your family name?
Sophia : Jones.
Lucas : How do you spell it?
Sophia : J-O-N-E-S. Jones.
Lucas : J-O-N-E-S. I see. Thank you.
Saki : What is a "family name"? How do
　　　　you say "family name" in Japanese?
Lucas : "*Myoji.*"
Saki : Oh, I see.

---

早紀：S-A-K-I。
ソフィア：S-A-K-I。ありがとう。

## No.1

ルーカス：こんにちは、わたしはルーカスです。
　　　　　はじめまして。
ソフィア：わたしはソフィアです。こちらこそ、
　　　　　はじめまして。あなたの名前はどの
　　　　　ようにつづりますか。
ルーカス：L-U-C-A-S。
ソフィア：L-U-C-A-S。ありがとう。

## No.2

ルーカス：ソフィア、あなたのファミリーネー
　　　　　ムは何ですか。
ソフィア：ジョーンズです。
ルーカス：どのようにつづりますか。
ソフィア：J-O-N-E-S。ジョーンズ。
ルーカス：J-O-N-E-S。そうですか。ありがとう。
早紀：「ファミリーネーム」とは何ですか。日本
　　　語で「ファミリーネーム」はどう言いま
　　　すか。
ルーカス：「名字」です。
早紀：ああ、なるほど。

---

## Let's Watch 2

教科書 p.1

(Sophia : S-O-P-H-I-A. Sophia.)
Lucas : What subject do you like?
Sophia : I like P.E. (I play rugby.)

---

(ソフィア：S-O-P-H-I-A。ソフィアです。)
ルーカス：あなたはどの教科が好きですか。
ソフィア：わたしは体育が好きです。(わたしは
　　　　　ラグビーをします。)

---

## Let's Listen 2

教科書 p.11

## No.1

Sophia : Hi, Daichi! I like P.E.
　　　　What subject do you like?
Daichi : I like science.
Sophia : Oh, you like science!

---

## No.1

ソフィア：こんにちは、大地！わたしは体育が
　　　　　好きです。
　　　　　あなたはどの教科が好きですか。
大地：わたしは理科が好きです。
ソフィア：まあ、あなたは理科が好きなのですね！

---

### No.2

Sophia : I like P.E. How about you, Saki?
　　　　Do you like P.E.?
Saki : No, I don't. I don't like P.E.
　　　I like English.
Sophia : Good!

### No.3

Lucas : Hey, Sophia!
　　　　You like rugby, right?
Sophia : Yes! I love rugby!
　　　　How about you, Lucas?
　　　　What sport do you like?
Lucas : I like soccer!
Sophia : Me, too! Let's play soccer
　　　　together!

### No.2

ソフィア：わたしは体育が好きです。あなたは
　　　　　どうですか、早紀。あなたは体育が
　　　　　好きですか。
早紀：いいえ。わたしは体育が好きではありま
　　　せん。わたしは英語が好きです。
ソフィア：いいですね！

### No.3

ルーカス：ねえ、ソフィア！あなたはラグビー
　　　　　が好きですよね。
ソフィア：はい！わたしはラグビーが大好きで
　　　　　す！あなたはどうですか、ルーカス。
　　　　　あなたはどのスポーツが好きですか。
ルーカス：わたしはサッカーが好きです！
ソフィア：わたしもです！一緒にサッカーをし
　　　　　ましょう！

### Your Goal

教科書 p.13

Brian : Hello. I'm Brian. Nice to meet you.
Akina : Hello. I'm Akina. Nice to meet you,
　　　　too.
　　　　How do you spell your name?
Brian : B-R-I-A-N. Brian.
Akina : B-R-I-A-N. I see.
　　　　What subject do you like?
Brian : I like P.E.
Akina : Oh, I don't like P.E.
　　　　But I like math. Do you like math?
Brian : I like math, too.
Akina : Great! See you.

ブライアン：こんにちは。わたしはブライアン
　　　　　　です。はじめまして。
明菜：こんにちは。わたしは明菜です。こちら
　　　こそ、はじめまして。あなたの名前はど
　　　のようにつづりますか。
ブライアン：B-R-I-A-N。ブライアンです。
明菜：B-R-I-A-N。そうですか。
　　　あなたはどの教科が好きですか。
ブライアン：わたしは体育が好きです。
明菜：あら、わたしは体育が好きではありません。
　　　でもわたしは算数が好きです。あなたは
　　　算数が好きですか。
ブライアン：わたしは算数も好きです。
明菜：すばらしい！では。

p.14 文化探検

**No.1**

Hello. My name is Edward Macdonald. So my initials are EM. Nice to meet you!

**No.2**

Hello. My name is Olivia Monika Johnson. Monika is my middle name. So my initials are OMJ.
Nice to meet you!

**No.3**

What's this? Do you know? It's the International Space Station, ISS. It's cool! Do you want to go to space someday?

**No.4**

Do you know this city? It's Dubai. It's in the United Arab Emirates, the UAE.
Many tall buildings are there.

p.14 フカボリ！

Can you find any letters around you? How many letters can you find?

p.15 日本探検　北海道、シン・ウォンジさん

Hanzo : Let's go to the Hokkaido Area!

Hanzo : Hello.
Ms. Shin : Hello! *Irankarapte*.
　　　　　Welcome to Upopoy National Ainu Museum and Park.
　　　　　I'm Shin Wonji. Nice to meet you.
Hanzo : I'm Hanzo. Nice to meet you, too. What does "*irankarapte*" mean?
Ms. Shin : It means "hello" in Ainu.
Hanzo : Wow, it sounds cool!

p.14 文化探検

**No.1**

こんにちは。わたしの名前はエドワード・マクドナルドです。だからわたしのイニシャルはEM です。はじめまして！

**No.2**

こんにちは。わたしの名前はオリビア・モニカ・ジョンソンです。モニカはミドルネームです。だからわたしのイニシャルは OMJ です。はじめまして！

**No.3**

これは何ですか。あなたは知っていますか。国際宇宙ステーション、ISS です。かっこいいです！
あなたはいつか宇宙に行きたいですか。

**No.4**

あなたはこの都市を知っていますか。ドバイです。アラブ首長国連邦、つまり UAE にあります。そこには多くの高いビルがあります。

p.14 フカボリ！

あなたの身の回りに文字を見つけられますか。いくつ文字を見つけられますか。

p.15 日本探検

半蔵：北海道地方へ行きましょう！

半蔵：こんにちは。
シンさん：こんにちは。イランカラプテ。ウポポイ国立アイヌ民族博物館と公園（※正式には、「ウポポイ民族共生象徴空間」）にようこそ。わたしはシン・ウォンジです。はじめまして。
半蔵：わたしは半蔵です。こちらこそ、はじめまして。「イランカラプテ」とはどういう意味ですか。
シンさん：アイヌ語で「こんにちは」の意味です。
半蔵：わあ、かっこいいですね！

Hanzo : Ms. Shin, where are you from?
Ms. Shin : I'm from Korea. Korea and
Japan are very close.
Hanzo : How do you say "hello" in Korean?
Ms. Shin : We say, " 안녕하세요 (アニョハセ
ヨ)."
Hanzo : Nice!
Ms. Shin : Now, I live in Hokkaido. I like the
nature here.
Hanzo : Oh, I like it, too!
Ms. Shin : Do you know Sapporo?
Hanzo : Yes. It's a big city.
Ms. Shin : Well, Sapporo means "dry, big
river" in Ainu.
Hanzo : Oh, really?
Ms. Shin : Yes. We can find many names
like that in Hokkaido.
Hanzo : That's interesting!
Ms. Shin : Let's learn more about Ainu
culture in the museum. Let's go!
Hanzo : OK! Let's go!

Ms. Shin : We have many Ainu items here.
Hanzo : Wow.


Ms. Shin : Look!
Hanzo : What's that?
Ms. Shin : This is for fishing. You can catch
fish with it.

Hanzo : What's that?
Ms. Shin : It's for an Ainu ceremony.
People dance for the spirit of
the bear.
The Ainu respect nature.


Ms. Shin : I love Ainu culture. Please come
to Hokkaido. And visit our
museum. See you!
Hanzo : See you!

半蔵：シンさん、あなたはどこの出身ですか。
シンさん：わたしは韓国の出身です。韓国と日
本はとても近いです。
半蔵：韓国語で「こんにちは」はどう言いますか。
シンさん：「アニョハセヨ」と言います。
半蔵：すてきですね！
シンさん：今、わたしは北海道に住んでいます。
ここの自然が好きです。
半蔵：おお、わたしも好きです！
シンさん：あなたは札幌を知っていますか。
半蔵：　はい。大きな都市です。
シンさん：ええと、札幌はアイヌ語で「乾いた、
大きな川」を意味します。
半蔵：へえ、本当ですか。
シンさん：はい。わたしたちは北海道でそのよ
うな名前をたくさん見つけることが
できます。
半蔵：それはおもしろいですね！
シンさん：博物館でもっとアイヌ文化について
学びましょう。行きましょう！
半蔵：いいですね！行きましょう！

シンさん：ここには多くのアイヌの品物があり
ます。
半蔵：わあ。


シンさん：見てください！
半蔵：あれは何ですか。
シンさん：これは釣りのためのものです。これ
で魚を捕まえることができます。


半蔵：あれは何ですか。
シンさん：アイヌの儀式のためのものです。人々
はクマの魂のために踊ります。アイ
ヌは自然を尊敬しています。


シンさん：わたしはアイヌ文化が大好きです。
どうぞ北海道に来てください。そし
てわたしたちの博物館を訪ねてくだ
さい。さようなら！
半蔵：さようなら！

#### No.1

Sophia : Are you free on Sunday, May 5th?
Lucas : Yes. But why?
Sophia : It's my birthday.
Can you come to my party?
Lucas : Sure. I'm free.
Daichi : I'm free, too.
Saki : Me, too.
Sophia : Wow! I'm so happy! Thank you!

#### No.2

Lucas : When is your birthday?
Daichi : My birthday is June 19th.
Lucas : What do you want for your birthday?
Daichi : I want a new tablet.
Lucas : A tablet . . .?
I want a cool pencil case for my birthday.
Saki : Lucas, we want a present for Sophia.
Lucas : Sorry. You're right.
Saki : Look!
Lucas : What is it?
Saki : It's a rugby sticker. It's perfect for Sophia.
Lucas and Daichi : Perfect!

#### No.3

Ruby : Welcome, everyone. I'm Sophia's mother. Nice to meet you.
All : Nice to meet you, too!
Daichi : Wow! It looks delicious.
Lucas : Is that crocodile steak?
Sophia : No. It's beef. My mother is a good cook!

#### No.4

Sophia : Ah . . . !
Saki : How many candles?
Daichi : One, two, three, four, five, six,

#### No.1

ソフィア：5月5日の日曜日は空いていますか。
ルーカス：はい。でもどうして？
ソフィア：わたしの誕生日です。パーティーに来ることはできますか。
ルーカス：もちろん。わたしは空いています。
大地：わたしも空いています。
早紀：わたしも。
ソフィア：わあ！とてもうれしいです！ありがとう！

#### No.2

ルーカス：あなたの誕生日はいつですか。
大地：わたしの誕生日は6月19日です。
ルーカス：あなたは誕生日に何がほしいですか。
大地：新しいタブレットがほしいです。
ルーカス：タブレット…？
わたしは誕生日にかっこいい筆箱がほしいです。
早紀：ルーカス、わたしたちはソフィアへのプレゼントがほしいのです。
ルーカス：ごめんなさい。そうですね。
早紀：見て！
ルーカス：それはなに？
早紀：これはラグビーのシールです。このシールはソフィアにぴったりです。
ルーカスと大地：完璧だ！

#### No.3

ルビー：ようこそ、みなさん。わたしはソフィアの母です。はじめまして。
全員：こちらこそ、はじめまして！
大地：わあ！とてもおいしそうです。
ルーカス：あれはワニ肉ステーキですか。
ソフィア：いいえ。牛肉です。わたしのお母さんはよい料理人です（＝料理が上手です）！

#### No.4

ソフィア：わあ…！
早紀：ろうそくは何本ですか。
大地：1、2、3、4、5、6、7、8、9、10、

seven, eight, nine, ten, eleven. OK.

Ruby : Blow them out!

All : Happy birthday!

Sophia : Ha-ha!

Saki : This is for you. Here you are.

Sophia : Wow! A nice birthday card!

Lucas : And . . . we have another present for you.

Sophia : What's this? Wow! A cool rugby sticker! Thank you so much!

Saki, Daichi, and Lucas : You're welcome!

11。よし。

ルビー：吹き消して！

全員：誕生日おめでとう！

ソフィア：(笑い声)

早紀：これをあなたに。はい、どうぞ。

ソフィア：わあ！すてきな誕生日カード！

ルーカス：そして…、あなたへもう一つプレゼントです。

ソフィア：これは何ですか。わあ！かっこいいラグビーのシール！本当にありがとう！

早紀、大地、ルーカス：どういたしまして！

## Watch and Think

Sophia : Hi, I'm Sophia.
This rugby sticker is a present from my friends! I'm so happy! I like rugby very much. Rugby is a popular sport in Australia.
The Wallabies are Australia's national rugby team. My brother and I like the Wallabies very much. A wallaby is an animal like a kangaroo.
What do you want for your birthday?

ソフィア：こんにちは、わたしはソフィアです。このラグビーのシールはわたしの友達からのプレゼントです！とてもうれしいです！わたしはラグビーがとても好きです。ラグビーはオーストラリアでは人気のあるスポーツです。ワラビーズはオーストラリアのラグビー代表チームです。わたしのお兄さんとわたしはワラビーズがとても好きです。ワラビーはカンガルーのような動物です。
あなたは誕生日に何がほしいですか。

## Let's Watch 1

教科書 p.20

Lucas : When is your birthday?

Daichi : My birthday is June 19th.

（Lucas : What do you want for your birthday?)

ルーカス：あなたの誕生日はいつですか。

大地：わたしの誕生日は 6 月 19 日です。

（ルーカス：あなたは誕生日に何がほしいですか。)

## Let's Listen 1

**No.1**

Sophia：Hi, Mr. Oishi.
　　　　When is your birthday?

Mr. Oishi：My birthday is November 3rd.
　　　　　It's Culture Day.

Sophia：Oh, Culture Day. I see.

**No.2**

Sophia：How about you, Saki?
　　　　When is your birthday?

Saki：My birthday is December 25th.

Sophia：Oh, that's Christmas Day!

**No.3**

Sophia：It's your turn, Lucas.
　　　　When is your birthday?

Lucas：My birthday is August 11th.
　　　　It's Mountain Day! It's a national
　　　　holiday in Japan!

Sophia：My birthday is Children's Day.
　　　　That's a national holiday, too.

---

**No.1**

ソフィア：こんにちは、大石先生。誕生日はい
　　　　　つですか。

大石先生：わたしの誕生日は 11 月 3 日です。
　　　　　文化の日です。

ソフィア：まあ、文化の日。そうですか。

**No.2**

ソフィア：あなたはどうですか、早紀。誕生日
　　　　　はいつですか。

早紀：わたしの誕生日は 12 月 25 日です。

ソフィア：あら、クリスマスの日ですね！

**No.3**

ソフィア：ルーカス、次はあなたの番です。
　　　　　誕生日はいつですか。

ルーカス：わたしの誕生日は 8 月 11 日です。
　　　　　山の日です！日本では国民の祝日で
　　　　　す！

ソフィア：わたしの誕生日は子供の日です。
　　　　　この日もまた国民の祝日です。

---

## Let's Watch 2

（Daichi：My birthday is June 19th.）

Lucas：What do you want for your
　　　　birthday?

Daichi：I want a new tablet.

（Lucas：A tablet . . . ?）

---

（大地：わたしの誕生日は 6 月 19 日です。）

ルーカス：あなたは誕生日に何がほしいですか。

大地：新しいタブレットがほしいです。

（ルーカス：タブレット…？）

---

## Let's Listen 2

**No.1**

Sophia：What do you want for your
　　　　birthday, Saki?

Saki：I want an English-Japanese
　　　dictionary.

Sophia：Wow! You like English!

**No.2**

Sophia：How about you, Lucas? What do

---

**No.1**

ソフィア：早紀、あなたは誕生日に何がほしい
　　　　　ですか。

早紀：わたしは英和辞典がほしいです。

ソフィア：わあ！あなたは英語が好きですね！

**No.2**

ソフィア：あなたはどうですか、ルーカス。誕

---

you want for your birthday?
Lucas : Can you guess?
Sophia : Hmm, . . . soccer goods?
Lucas : Yes! I want new soccer shoes for
       my birthday!

No.3

Sophia : What do you want for your
       birthday, Ms. Baker?
Ms. Baker : I want a concert ticket.
        I like rock music.
Sophia : Fantastic!

生日に何がほしいですか。
ルーカス：当てられますか？
ソフィア：うーん、…サッカー用品？
ルーカス：そうです！わたしは誕生日に新しい
        サッカーシューズがほしいです。

No.3

ソフィア：ベーカー先生、あなたは誕生日に何
        がほしいですか。
ベーカー先生：わたしはコンサートのチケット
        がほしいです。わたしはロック
        音楽が好きです。
ソフィア：すてき！

## Your Goal

教科書 p.23

Deepa : Hello.
Genki and Nanami : Hello.
Deepa : When is your birthday?
Genki : My birthday is July 7th.
Deepa : What do you want for your
       birthday?
Genki : I want a new bike.
Deepa : Oh, I see. This is my present card
       for you. Here you are.
Genki : Thank you. What is it?
Deepa : It's a bike T-shirt. You like bikes.
Genki : Great. Thanks!
Nanami : Now it's my turn. This is my
       present card for you. Here you
       are.
Genki : Thank you.

ディーパ：こんにちは。
元気と七海：こんにちは。
ディーパ：あなたの誕生日はいつですか。
元気：わたしの誕生日は７月７日です。
ディーパ：あなたは誕生日に何がほしいですか。
元気：わたしは新しい自転車がほしいです。
ディーパ：まあ、そうですか。これはあなたへ
       のプレゼントカードです。はい、ど
       うぞ。
元気：ありがとう。何ですか。
ディーパ：自転車のＴシャツです。あなたは自
       転車が好きだから。
元気：すばらしい。ありがとう！
七海：今度はわたしの番です。これはあなたへ
       のプレゼントカードです。はい、どうぞ。
元気：ありがとう。

## Over the Horizon

教科書 pp.24-25

p.24 文化探検

No.1

Let's look at interesting events around the world!

p.24 文化探検

No.1

世界中のおもしろい祭りを見てみましょう！

Songkran is a water festival in Thailand. It's very hot in spring. In April, people and elephants splash water on everyone. They look happy!

No.2

Naadam is a big festival in Mongolia. It's in July. This festival has three sports, Mongolian wrestling, archery, and horse-racing. Children join the horse-racing. They are from six to twelve years old. Do you want to join this race, too?

No.3

Look! Many colorful balloons are flying in the blue sky.
This is the Albuquerque International Balloon Fiesta in America. This festival is a nine-day event.
It's in October. Many balloon pilots come here from all over the world.

p.24 フカボリ！
Do you know any events from overseas?
Do you have any ideas?

p.25 日本探検　宮城県、ジェームス・オペさん
Hanzo：Let's go to the Tohoku Area.

Hanzo：Hi!
Mr. Oppé：Welcome to my pottery workshop.
Hanzo：I'm Hanzo. Nice to meet you.
Mr. Oppé：I'm James Oppé. I'm from the U.K. Nice to meet you, too.
Hanzo：You are from the U.K? What does "the U.K." mean?
Mr. Oppé：The U.K. means the United Kingdom. It means " イギリス " in Japanese.
Hanzo：Oh, I see.
Mr. Oppé：OK, let's go inside.

---

ソンクラーンはタイの水の祭りです。春はとても暑いです。4月に、人々と象はみんなに水をはねかけます。彼らは幸せそうです！

No.2

ナーダムはモンゴルの大きな祭りです。7月に行われます。この祭りでは、モンゴル相撲と、アーチェリー、ウマ乗り競技の3つのスポーツが行われます。子供たちはウマ乗り競技に参加します。彼らは6歳から12歳です。あなたもウマ乗り競技に参加してみたいですか。

No.3

見てください！たくさんの色彩豊かな気球が青空に飛んでいます。
これはアメリカのアルバカーキ国際バルーンフィエスタです。この祭りは9日間行われます。10月に行われます。たくさんの気球のパイロットが世界中からここに来ます。

p.24 フカボリ！
あなたは海外から来た祭りを知っていますか。
何か心当たりはありますか。

p.25 日本探検
半蔵：東北地方に行きましょう！

半蔵：こんにちは！
オペさん：わたしの陶芸の作業場にようこそ。
半蔵：わたしは半蔵です。はじめまして。
オペさん：わたしはジェームス・オペです。わたしは the U.K. の出身です。こちらこそ、はじめまして。
半蔵：あなたは the U.K. の出身ですか。「the U.K.」は何を意味しますか。
オペさん：the U.K. は「連合王国」の意味です。日本語では「イギリス」の意味です。
半蔵：ああ、なるほど。
オペさん：それでは、中に行きましょう。

Mr. Oppé : This is my showroom.

Hanzo : Wow! It's very colorful and beautiful.

Hanzo : Well, next month is my mother's birthday. I want a present for her.

Mr. Oppé : OK. How about a nice mug?

Hanzo : A mug? Perfect!

Hanzo : How do you make it?

Mr. Oppé : Well, this is a wheel. The wheel turns clockwise.
Look at my hands. You put your right hand inside. And your left hand outside. Raise your hands slowly. That's it!

Hanzo : Wow! Thank you.

Mr. Oppé : What do you want for your birthday?

オペさん：これがわたしのショールームです。

半蔵：わあ！とても色彩豊かで美しいです。

半蔵：ええと、来月はわたしのお母さんの誕生日です。わたしは彼女へのプレゼントがほしいです。

オペさん：いいですね。すてきなマグはどうでしょうか。

半蔵：マグ？完璧(かんぺき)！

半蔵：それをどうやって作るのですか。

オペさん：ええと、これはろくろです。ろくろは時計回りに回ります。わたしの手を見てください。右手を内側に置きます。そして左手は外側です。ゆっくりと手を上げます。以上です！

半蔵：わあ！ありがとう。

オペさん：あなたは誕生日に何がほしいですか。

  スクリプト Unit3

教科書 pp.28-29

## Listen and Think

No.1

Mr. Oishi : Good morning, Ms. Baker. How are you?

Ms. Baker : I'm great. Look. The children are having fun.

Mr. Oishi : Oh, yeah. They like playing dodgeball. Do you enjoy our class?

Ms. Baker : Yes, I like it a lot.

No.2

Lucas : Can you catch this?

No.1

大石先生：おはようございます、ベーカー先生。元気ですか。

ベーカー先生：とても元気です。見てください。子供たちが楽しんでいます。

大石先生：ええ、そうですね。彼らはドッジボールをするのが好きです。わたしたちのクラスは楽しいですか。

ベーカー先生：はい、とても好きです。

No.2

ルーカス：これをとることができるかな。

| | |
|---|---|
| Daichi : Yes, I can. Come on! | 大地：はい、できるよ。さあ、来い！ |
| Lucas : Here we go! | ルーカス：さあ、行くぞ！ |
| Daichi : Ugh! | 大地：うっ。 |
| Lucas : Yay! | ルーカス：やったー！ |
| Daichi : Oh, no. Ah . . . | 大地：はあ、だめか。ああ。 |

**No.3**

| | |
|---|---|
| Sophia : You can play the recorder well. | ソフィア：あなたはリコーダーが上手に吹けますね。 |
| Saki : Thank you. Can you play the recorder? | 早紀：ありがとう。あなたはリコーダーが吹けますか。 |
| Sophia : No, I can't. I can't play the recorder. But I can play the piano. Can you play the piano? | ソフィア：いいえ、できません。わたしはリコーダーが吹けません。でもピアノが弾けます。あなたはピアノが弾けますか。 |
| Saki : Yes, I can. Look! They're playing dodgeball. | 早紀：はい、弾けます。見て！彼らはドッジボールをしています。 |
| Sophia : It looks like fun. | ソフィア：楽しそうですね。 |

**No.4**

| | |
|---|---|
| Daichi : We're late! | 大地：遅刻です！ |
| Lucas : I can run fast! | ルーカス：わたしは速く走れます！ |
| Ms. Baker : Don't run! Lucas, Daichi, stop! | 大石先生：走らないで！ルーカス、大地、止まりなさい！ |
| Lucas and Daichi : Oh, sorry. | ルーカスと大地：ああ、ごめんなさい。 |
| Mr. Oishi : Look at this poster! | 大石先生：このポスターを見なさい！ |
| Lucas and Daichi : I'm sorry. | ルーカスと大地：ごめんなさい。 |

## Watch and Think

教科書 p.29

| | |
|---|---|
| Ms. Baker : Hello! I'm Ellen Baker. I'm from Boston in America.<br>In Boston, we have a great baseball team, . . . the Boston Red Sox!<br>I like baseball very much. I can play baseball well. I can throw a ball.<br>I can catch a ball. I can hit a ball. Let's play baseball together someday!<br>Now, it's your turn! Tell me | ベーカー先生：こんにちは。わたしはエレン・ベーカーです。わたしはアメリカのボストンの出身です。ボストンには、偉大な野球チーム…ボストンレッドソックスがあります！わたしは野球がとても好きです。わたしは野球が上手にできます。わたしはボールを投げることができます。わたしはボールをとることができます。わたしはボールを打つことができます。いつか一緒に野球をしましょ |

about you! What do you like?
What can you do?

う！今度はあなたの番です！あ
なたについて教えてください！
あなたは何が好きですか。あな
たは何ができますか。

## Let's Watch

教科書 p.30

(Saki : Thank you.)
Saki : Can you play the recorder?
Sophia : No, I can't. I can't play the
recorder. But I can play the piano.
(Sophia : Can you play the piano?)

早紀：（ありがとう。）あなたはリコーダーが吹
けますか。
ソフィア：いいえ、できません。わたしはリコー
ダーが吹けません。でもピアノが弾け
ます。（あなたはピアノが弾けますか。）

## Let's Listen 1

教科書 p.30

No.1
Mr. Oishi : Can you cook well, Lucas?
Lucas : No, I can't.
Mr. Oishi : I see. How about sports? Can
you play dodgeball?
Lucas : Yes, I can.
Mr. Oishi : And you can play soccer, too.
Lucas : Yes, I can! I can play soccer well! I
like soccer very much!

No.2
Mr. Oishi : How about you, Sophia?
Can you play the guitar?
Sophia : No, I can't. I can't play the guitar.
Mr. Oishi : How about the recorder? Can
you play the recorder?
Sophia : No, I can't.
Mr. Oishi : But you can play the piano,
right?
Sophia : Yes! I can play the piano well!

No.1
大石先生：あなたは料理が上手にできますか、
ルーカス。
ルーカス：いいえ、できません。
大石先生：そうですか。スポーツはどうですか。
あなたはドッジボールができますか。
ルーカス：はい、できます。
大石先生：そしてあなたはサッカーもできます。
ルーカス：はい、できます。わたしはサッカー
が上手にできます！わたしはサッ
カーがとても好きです！

No.2
大石先生：ソフィア、あなたはどうですか。あ
なたはギターを弾けますか。
ソフィア：いいえ、できません。わたしはギター
を弾けません。
大石先生：リコーダーはどうですか。あなたは
リコーダーを吹けますか。
ソフィア：いいえ、できません。
大石先生：でもあなたはピアノが弾けます、そ
うでしょう。
ソフィア：はい！わたしはピアノが上手に弾け
ます！

## Let's Listen 2

No.1 : penguin

Sophia : Let's play the "Who am I?" Quiz.
　　　　Let's try sea animals.
Lucas, Saki, and Daichi : OK!
Sophia : Who am I? I am a bird. I can walk.
Lucas : Can you swim?
Sophia : Yes, I can. I can swim.
Saki : Can you fly?
Sophia : No, I can't. I can't fly.
Daichi : You can't fly. But you are a bird ….
　　　　I got it!

No.2 : dolphin [whale]

Sophia : OK, next quiz.
　　　　Who am I? I can swim fast.
Lucas : Are you a fish?
Sophia : No, I'm not. I am not a fish.
Saki : Oh! Can you walk?
Sophia : No, I can't. But I can jump high.
Lucas : You can swim fast. You can't walk.
　　　　But you can jump high . . . . I got it!

No.1

ソフィア：「わたしは誰でしょう。」クイズをしま
　　　　しょう。海の生き物でしてみましょう。
ルーカス、早紀、大地：わかりました！
ソフィア：わたしは誰でしょう。わたしは鳥です。
　　　　わたしは歩けます。
ルーカス：あなたは泳げますか。
ソフィア：はい、できます。わたしは泳げます。
早紀：あなたは飛べますか。
ソフィア：いいえ、できません。わたしは飛べ
　　　　ません。
大地：あなたは飛べません。でもあなたは鳥で
　　　　す…。分かりました！（→答えはペンギン）

No.2

ソフィア：それでは、次のクイズです。わたし
　　　　は誰でしょう。わたしは速く泳げます。
ルーカス：あなたは魚ですか。
ソフィア：いいえ、違います。わたしは魚では
　　　　ありません。
早紀：おや！あなたは歩けますか。
ソフィア：いいえ、できません。でもわたしは
　　　　高く跳べます。
ルーカス：あなたは速く泳げます。あなたは歩
　　　　けません。でもあなたは高く跳べま
　　　　す…。分かりました！
　　　　（→答えはイルカまたはクジラ）

## Your Goal

Brian : Hi.
Nanami and Akina : Hi.
Brian : You can swim fast, Nanami.
Nanami : Thank you. How about you? Can
　　　　you swim fast?
Brian : No, I can't. I can't swim fast.
Nanami : That's OK. You can play soccer
　　　　well.
Akina : You can sing well, too.
Brian : Thank you.

ブライアン：こんにちは。
七海と明菜：こんにちは。
ブライアン：七海、あなたは速く泳げます。
七海：ありがとう。あなたはどうですか。あな
　　　たは速く泳げますか。
ブライアン：：いいえ、できません。わたしは
　　　　　　速く泳げません。
七海：気にしないで。あなたはサッカーが上手
　　　にできます。
明菜：あなたは上手に歌うこともできます。
ブライアン：ありがとう。

p.34 文化探検

No.1

Thai man：สวัสดีครับ(sawasdeekrub =
Ŝwạŝdī khrạb)
ผมชื่อสมชายครับ(pomchue
"Somchai" krub = pǒm chêu
Somchai khrạb)

--------------------------

Hello!　My name is Somchai.

No.2

French woman：Mon œil . . . . Vraiment?
C'est incroyable!

--------------------------

I can't believe it. Really?
It's unbelievable.

No.3

Italian man：Buono.

--------------------------

Delicious.

p.34 フカボリ！

Sign language is different in Japan and
America.
These two signs mean the same thing.
What do they mean?
Thinking time.
The answer is . . . . "konnichiwa", "hello".

Next question.
These two signs mean another thing. What
do they mean?
Thinking time.
The answer is . . . . "arigato", "thank you".

p.35 日本探検　奈良県、カルマ・ギャルゼン・
シェルパさん

Hanzo：Let's go to the Kinki Area!

Hanzo：What's that sound? Wow! Are you
a ninja?
Mr. Sherpa：No. No. I'm not a ninja. I'm

p.34 文化探検

No.1

タイの男性：こんにちは！わたしの名前はソム
チャイです。

No.2

フランスの女性：わたしはそれを信じることが
できません。本当？信じられ
ない。

No.3

イタリアの男性：おいしい。

p.34 フカボリ！

手話は日本とアメリカでは違います。この２つ
の手話は同じことを意味します。何を意味する
のでしょうか。
考える時間です。答えは…「こんにちは」、「ハ
ロー」です。
次の質問です。この２つの手話は異なることを
意味します。何を意味するのでしょうか。
考える時間です。答えは…「ありがとう」、「サ
ンキュー」です。

p.35 日本探検

半蔵：近畿地方に行きましょう！

半蔵：あれは何の音ですか。わあ！あなたは忍
者ですか。
シェルパさん：いいえ。いいえ。わたしは忍者

Karma Gyalzen Sherpa. I'm a woodcutter. Nice to meet you.

Hanzo：Nice to meet you, too, Mr. Sherpa. I'm Hanzo. I'm a ninja. You can be a ninja, too!

Mr. Sherpa：Thanks!


Hanzo：Where are you from, Mr. Sherpa?

Mr. Sherpa：I'm from Nepal. Nepal is in South Asia.
Do you know Mt. Everest?

Hanzo：Yes!

Mr. Sherpa：You can see it from my hometown.
In Nepali, it is Sagarmatha. In Tibetan, it is Chomolungma.

Hanzo：Wow! Three names for one mountain!


Hanzo：Can you tell me about your job?

Mr. Sherpa：Sure! Cutting down trees is my work.


Mr. Sherpa：Some houses, shrines or temples are in danger from trees.
And we can't use cranes in such places. But I can climb trees with just ropes.
And I can cut trees with this chainsaw.

Hanzo：Cool!

Mr. Sherpa：Thank you. See you!

Hanzo：See you!


ではありません。わたしはカルマ・ギャルゼン・シェルパです。わたしは木こりです。はじめまして。

半蔵：こちらこそ、はじめまして、シェルパさん。わたしは半蔵です。わたしは忍者です。あなたもまた忍者になれます！

シェルパさん：ありがとう！


半蔵：あなたはどちらの出身ですか、シェルパさん。

シェルパさん：わたしはネパールの出身です。ネパールは南アジアにあります。あなたはエベレストを知っていますか。

半蔵：はい！

シェルパさん：わたしの故郷から見ることができます。ネパール語では、サガルマータです。チベット語では、チョモランマです。

半蔵：わあ！1つの山に3つの名前！


半蔵：あなたの職業について教えてくれますか。

シェルパさん：もちろん！木を切ることがわたしの仕事です。


シェルパさん：いくつかの家や神社、寺は木々で危険になっています。そして、そのような場所ではクレーンが使えません。しかしわたしはロープだけで木に登ることができます。そして、わたしはこのチェーンソーで木を切ることができます。

半蔵：かっこいい！

シェルパさん：ありがとう。さようなら！

半蔵：さようなら！

## Listen and Think

教科書 pp.40-41

**No.1**

Sophia : Look! This is my album.

Lucas, Saki, and Daichi : Wow!

Lucas : Who is this?

Sophia : This is my friend, Jessica.
　　　　She can play tennis very well.
　　　　She is a good tennis player.

Lucas : Cool!

**No.2**

Lucas : Let's go to the next page.

Daichi : Look! A koala!
　　　　Can you hold a koala in the zoo in
　　　　Australia?

Sophia : Yes! They are so cute!

Saki : Let's go to Wakaba Zoo next holiday!

Sophia : Good idea!

**No.3**

Children : Go! Go! Go, Carlos!

Ruby : Who is Carlos?

Lucas : He is my father. He is a soccer
　　　　player. He is strong. He can kick
　　　　well!

Ruby : Really? Your father?

Daichi : He is the No.1 striker on the team.

Saki : He is a hero in our town! Go! Go!

**No.4**

Sophia : It's snack time!

Daichi : Wow! Shoe cream!

Saki : I love shoe cream.

Sophia : Shoe cream? We say "cream
　　　　puffs" in English.

Daichi : Oh, cream puffs. I see.

**No.1**

ソフィア：見て！これはわたしのアルバムです。

ルーカス、早紀、大地：わあ！

ルーカス：こちらは誰ですか。

ソフィア：こちらはわたしの友達のジェシカです。
　　　　　彼女はテニスがとても上手にできま
　　　　　す。
　　　　　彼女はよいテニス選手です。

ルーカス：かっこいい！

**No.2**

ルーカス：次のページに行きましょう。

大地：見て！コアラ！オーストラリアの動物園
　　　では、コアラを抱くことができるのですか。

ソフィア：はい！とてもかわいいです！

早紀：次の休日に若葉動物園に行きましょう！

ソフィア：よい考えです！

**No.3**

子供たち：行け！行け！行け、カルロス！

ルビー：カルロスとは誰ですか。

ルーカス：わたしのお父さんです。彼はサッカー
　　　　　選手です。彼は強いです。彼はキッ
　　　　　クが上手です！

ルビー：本当？あなたのお父さん？

大地：彼はチームで一番のストライカーです。

早紀：彼はわたしたちの町のヒーローです！行
　　　け！行け！

**No.4**

ソフィア：おやつの時間です！

大地：わあ！シュークリーム！

早紀：わたしはシュークリームが大好きです。

ソフィア：シュークリーム？英語では「cream
　　　　　puffs」と言います。

大地：へえ、cream puffs。そうですか。

## Watch and Think

教科書 p.41

Ruby : Hi, I'm Sophia's mother, Ruby.
　　　This is Sophia's father. He is active.

ルビー：こんにちは、わたしはソフィアの母親
　　　　のルビーです。こちらはソフィアの父

| | |
|---|---|
| He can swim fast. He is in Sydney, Australia now.<br>Now, it's your turn. Tell me about your family or friends! | 親です。彼は活動的です。彼は速く泳げます。彼は今、オーストラリアのシドニーにいます。<br>今度はあなたの番です。あなたの家族か友達のことを教えてください！ |

## Let's Watch 1

教科書 p.4

| | |
|---|---|
| Lucas : Who is this?<br>Sophia : This is my friend, Jessica.<br>　　　　She can play tennis very well.<br>　　　　She is a good tennis player.<br>(Lucas : Cool!) | ルーカス：こちらは誰ですか。<br>ソフィア：こちらはわたしの友達のジェシカです。<br>　　　　　彼女はテニスがとても上手にできます。<br>　　　　　彼女はよいテニス選手です。<br>(ルーカス：かっこいい！) |

## Let's Listen 1

教科書 p.4

| | |
|---|---|
| **No.1**<br>Oliver : Who is this?<br>Sophia : This is Lucas. He is my classmate.<br>　　　　He is from Brazil. He can play soccer.<br>Oliver : Oh, he can play soccer? Cool! | **No.1**<br>オリバー：こちらは誰ですか。<br>ソフィア：こちらはルーカスです。彼はわたしのクラスメートです。彼はブラジルの出身です。彼はサッカーができます。<br>オリバー：へえ、彼はサッカーができるのですか。かっこいい！ |
| **No.2**<br>Oliver : Who is this?<br>Sophia : This is Saki. She is my classmate, too. She can play the recorder.<br>Oliver : That's nice. | **No.2**<br>オリバー：こちらは誰ですか。<br>ソフィア：こちらは早紀です。彼女もまたわたしのクラスメートです。彼女はリコーダーが吹けます。<br>オリバー：それはすてきですね。 |

## Let's Watch 2

教科書 p.43

| | |
|---|---|
| Ruby : Who is Carlos?<br>Lucas : He is my father. He is a soccer player. He is strong. He can kick well!<br>(Ruby : Really? Your father?) | ルビー：カルロスとは誰ですか。<br>ルーカス：わたしのお父さんです。彼はサッカー選手です。彼は強いです。彼はキックが上手です！<br>(ルビー：本当？あなたのお父さん？) |

**No.1** : Mr. Oishi

Sophia : Let's play the "Who is this?" Quiz!
Who is this? He is active. He can
play the guitar.
Daichi : Can he cook well?
Sophia : Sorry, I don't know.
Daichi : Is he a teacher?
Sophia : Yes, he is.
Daichi : I got it!

**No.2** : Ms. Baker

Sophia : It's your turn, Daichi.
Daichi : OK. Who is this? She is active, too.
She can play baseball well.
Sophia : I see. How about soccer?
Daichi : Well, . . . she can't play soccer well.
But she can run well.
She can run 20 km!
Sophia : I got it!

**No.1**

ソフィア：「これは誰でしょう」クイズをしましょ
う！
これは誰でしょう。彼は活動的です。
彼はギターが弾けます。
大地：彼は料理が上手にできますか。
ソフィア：ごめんなさい、わたしは知りません。
大地：彼は先生ですか。
ソフィア：はい、そうです。
大地：分かりました！（→答えは大石先生）

**No.2**

ソフィア：大地、あなたの番です。
大地：わかりました。これは誰でしょう。彼女
もまた活動的です。彼女は野球が上手に
できます。
ソフィア：そうですか。サッカーはどうですか。
大地：ええと、…彼女はサッカーは上手にでき
ません。でも彼女はよく走れます。彼女
は 20km 走ることができます！
ソフィア：分かりました！（→答えはベーカー
先生）

Akina : Hello.
Mr. Robinson : Hello.
Akina : Look at this card.
Mr. Robinson : OK. Who is this?
Akina : This is Deepa.
Mr. Robinson : Who is Deepa?
Akina : She is my friend. She is kind and
active. She can play badminton
well.
Mr. Robinson : Wow, badminton.
Akina : Yes. She can play the piano, too.
Mr. Robinson : Great! Good job!
Akina : Thank you. Nice talking to you.

明菜：こんにちは。
ロビンソン先生：こんにちは。
明菜：このカードを見てください。
ロビンソン先生：わかりました。こちらは誰で
すか。
明菜：こちらはディーパです。
ロビンソン先生：ディーパとは誰ですか。
明菜：彼女はわたしの友達です。彼女は親切で
活動的です。彼女はバドミントンが上手
にできます。
ロビンソン先生：おお、バドミントン。
明菜：はい。彼女はピアノも弾けます。
ロビンソン先生：すばらしい！よくできました！
明菜：ありがとう。あなたと話ができてよかっ
たです。

## p.46 文化探検

### No.1

Deepa : I'm Deepa. I'm from India. I like badminton. I can play badminton well.

### No.2

Deepa : This is my friend, Genki. He can play badminton, too. He is a very good badminton player. He is very funny.

### No.3

Deepa : This is my cat, Mimi. She is very cute. She is two years old. She is always sleepy.

### No.4

Deepa : We are classmates. We are very friendly. We talk to each other every day.

## p.46 フカボリ！

English has many words for *ushi*. Cow, ox, bull, calf, . . . .
What Japanese words are like this?

## p.47 日本探検　静岡県、ジョナタン・バーナベさん

Hanzo : Let's go to the Chubu Area!

Hanzo : Oh, this is a geta shop!

Mr. Barnabe : Hi. May I help you?
Hanzo : Yes. Can you tell me about geta?
Mr. Barnabe : Sure. I'm Jonathan Barnabe. I'm the owner of this shop. Nice to meet you.
Hanzo : Jonathan . . . . How do you spell it?
Mr. Barnabe : J-O-N-A-T-H-A-N. Jonathan.

## p.46 文化探検

### No.1

ディーパ：わたしはディーパです。わたしはインドの出身です。わたしはバドミントンが好きです。わたしはバドミントンが上手にできます。

### No.2

ディーパ：こちらはわたしの友達の元気です。彼もまたバドミントンができます。彼はとてもよいバドミントン選手です。彼はとてもおもしろいです。

### No.3

ディーパ：これはわたしのネコのミミです。彼女はとてもかわいいです。彼女は2歳です。彼女はいつも眠そうです。

### No.4

ディーパ：わたしたちはクラスメートです。わたしたちはとても仲がよいです。わたしたちは毎日お互いに話をしています。

## p.46 フカボリ！

英語には「ウシ」を表す言葉が多くあります。cow、ox、bull、calf、…。日本語でこのような例はありますか。

## p.47 日本探検

半蔵：中部地方に行きましょう。

半蔵：おや、これは下駄の店です！

バーナベさん：こんにちは。何かお探しですか。
半蔵：はい。下駄について教えてください。
バーナベさん：もちろん。わたしはジョナタン・バーナベです。この店のオーナーです。はじめまして。
半蔵：ジョナタン…。どのようにつづりますか。
バーナベさん：J-O-N-A-T-H-A-N。ジョナタンです。

Hanzo：Hmm . . . . Jonathan（ジョナタン）？ Not Jonathan（ジョナサン）？

Mr. Barnabe：Jonathan（ジョナサン）is English. Jonathan（ジョナタン）is French.

Hanzo：Oh, are you from France?

Mr. Barnabe：No. I'm from Quebec, in Canada. People in Quebec speak French.

Hanzo：I see. Bonjour!

Mr. Barnabe：Bonjour! Do you want to see our factory?

Hanzo：Yes!

Mr. Barnabe：OK. Let's go!


Ms. Mizutori：Hello!

Mr. Barnabe：This is my wife. She is the president of our company!

Ms. Mizutori：Welcome!

Hanzo：Hello!


Hanzo：Wow!

Mr. Barnabe：This is Mr. Kano. He is a geta craftsperson. He can make geta very well.

Hanzo：It's handmade! Nice!


Mr. Barnabe：Our geta are very comfortable. We use local cypress.

Hanzo：Cypress?

Mr. Barnabe：It's *hinoki* in Japanese.

Hanzo：I see.

Mr. Barnabe：And using local wood is good for the forests.

Hanzo：That's important.


Mr. Barnabe：Geta are really cool! I love geta. Please try them someday. See you!

---

半蔵：うーん…。ジョナタン？ジョナサンではなく？

バーナベさん：ジョナサンは英語です。ジョナタンはフランス語です。

半蔵：ああ、あなたはフランスの出身なのですか。

バーナベさん：いいえ。わたしはカナダのケベック州の出身です。ケベック州の人々はフランス語を話します。

半蔵：そうですか。ボンジュール！

バーナベさん：ボンジュール！あなたはわたしたちの工場を見たいですか。

半蔵：はい！

バーナベさん：それでは。行きましょう。


水鳥さん：こんにちは！

バーナベさん：こちらはわたしの妻です。彼女はわたしたちの会社の社長です！

水鳥さん：ようこそ！

半蔵：こんにちは！


半蔵：わあ！

バーナベさん：こちらはカノウさんです。彼は下駄職人です。彼はとても上手に下駄を作れます。

半蔵：手作りですね！すばらしい！


バーナベさん：わたしたちの下駄はとても快適です。わたしたちは地元のサイプレスを使っています。

半蔵：サイプレス？

バーナベさん：日本語でヒノキです。

半蔵：なるほど。

バーナベさん：そして地元の木材を使うことは森にとってよいことです。

半蔵：それは大切なことです。


バーナベさん：下駄は本当にかっこいいです！わたしは下駄が大好きです。いつか試してみてください。さよ

Hanzo : See you!

**No.1**
Customer : Excuse me. Do you have a
              *rimokon*?
Clerk : *Rimokon*?
Customer : It's for a TV and video . . . .
Clerk : Ah . . . ! Is it a remote control?
Customer : Yes, that's it!
**No.2**
Customer : Excuse me. Can I try on that
              *torena*?
Clerk : *Torena*?
              Oh, you mean the sweatshirt?
Customer : Yes!
**No.3**
Customer : Excuse me. Do you have a
              *piman*?
Grocer : *Piman*?
Customer : Oh! I see them! Over there.
Grocer : There? They are green peppers!
Customer : Oh. Green peppers . . . .
**No.4**
A Japanese : See you. Next time, please
                come to my mansion.
An American : Mansion? Oh! You live in a
                big house!
A Japanese : No! No! No! It's like this!
An American : Oh, you mean "apartment."
A Japanese : Oh, I see.

うなら！
半蔵：さようなら！

**No.1**
客：すみません。リモコンはありますか。
店員：リモコン？
客：テレビやビデオの…。
店員：ああ…！リモートコントロールですか。
客：はい、それです！

**No.2**
客：すみません。あのトレーナーを試着してい
    いですか。
店員：トレーナー？
      ああ、このスエットシャツのことですか。
客：はい！
**No.3**
客：すみません。ピーマンをください。
食料品店主：ピーマン？
客：ああ！ありました！あそこに。
食料品店主：あれ？あれはグリーンペッパーで
            す！
客：あら。グリーンペッパーね…。
**No.4**
日本人：さようなら。この次は、どうぞわたし
        のマンションに来てください。
アメリカ人：マンション？おお！あなたは大き
            な家に住んでいるのですね！
日本人：ちがう！ちがう！ちがう！こんな家で
        す。
アメリカ人：ああ、「アパートメント」のことで
            すね。
日本人：ああ、なるほど。

**Listen and Think**

| No.1 | No.1 |
|---|---|

Jessica : Hi, Sophia. Can you hear me?

Sophia : Yes, Jessica. I can hear you.

Jessica : Good. Long time no see!

Sophia : I miss you so much!

Jessica : Me, too. Do you have any friends in Japan?

Sophia : Yes! I have many friends.

Jessica : That's great. How is your town?

Sophia : Fantastic! People are kind. The food is delicious.

Jessica : Sounds wonderful! What do you have in your town?

Sophia : We have movie theaters, shops, and a nice stadium . . . and tomorrow, I am going to the zoo with my friends!

Jessica : Lucky you!

**No.2**

Saki : Good morning!

All : Good morning!

Daichi : It is sunny!

Lucas : Yay!

Saki : Let's go to the bus stop.

Sophia : I can't wait!

Tourist : Excuse me. Where is the post office? I have a postcard for my family.

Daichi : OK. Let's see. We are here, in this square.
Go straight for two blocks. Turn right.
Go straight for a little bit. You can see it on your left.

Tourist : Thank you so much.

**No.3**

Lucas : Wow, I can't wait!

Saki : Look at those cats! A black cat on the wall, a white cat by the sign.

Daichi : Oh, five minutes to the zoo. We

---

ジェシカ：こんにちは、ソフィア。聞こえますか。

ソフィア：はい、ジェシカ。聞こえます。

ジェシカ：よかった。ひさしぶりですね！

ソフィア：とても寂しいです！

ジェシカ：わたしもです。あなたは日本に友達はいますか。

ソフィア：はい！たくさんの友達がいます。

ジェシカ：それはすごい！あなたの町はどうですか。

ソフィア：すてきです！人々は親切です。食べ物はおいしいです。

ジェシカ：すばらしいですね！あなたの町には何がありますか。

ソフィア：映画館、お店、そしてすばらしいスタジアム…そして明日、友達と動物園に行きます！

ジェシカ：よかったね！

**No.2**

早紀：おはよう！

全員：おはよう！

大地：晴れてます！

ルーカス：やったー！

早紀：バス停に行きましょう。

ソフィア：わたしは待ちきれないです！

旅行者：すみません。郵便局はどこですか。家族へのはがきがあるのです。

大地：わかりました。ええと。わたしたちはここ、この広場にいます。まっすぐ２ブロック進んでください。右に曲がってください。ほんの少しまっすぐ進んでください。左側に見えます。

旅行者：どうもありがとうございます。

**No.3**

ルーカス：わあ、待ちきれないです！

早紀：あのネコを見てください！塀の上の黒いネコと、看板のそばの白いネコ。

大地：おお、動物園まで５分です。とても近い

are very close.
Sophia : Is that a sign for the zoo? I can't read *kanji*.

です。
ソフィア：あれは動物園への看板ですか。わたしは漢字が読めません。

## Watch and Think

教科書 p.5

Ms. Baker : Hi, there! This is Ellen Baker. I'm in New York City.
This is the Empire State Building. Look! It's very tall.
Let's go straight for two blocks from here.
You can see Madison Square Garden on your left. You can enjoy many events here.
And a big station is just under it.
Oh, it's time to go! I am going back home to Boston!
Next time, please tell me about your town! See you!

ベーカー先生：やあ、みんな！エレン・ベーカーです。わたしはニューヨークにいます。これはエンパイア・ステート・ビルディングです。見てください！とても高いです。ここからまっすぐ２ブロック進みましょう。左側にマディソン・スクエア・ガーデンが見えます。ここではたくさんのイベントを楽しむことができます。そして大きな駅がこの真下にあります。あら、行く時間です！わたしはボストンの家に帰るところです！次は、あなたの町について教えてください！さようなら！

## Let's Watch 1

教科書 p.52

Tourist : (Excuse me.) Where is the post office? I have a postcard for my family.
Daichi : OK. Let's see. We are here, in this square.
Go straight for two blocks. Turn right.
Go straight for a little bit. You can see it on your left.
(Tourist : Thank you so much.)

旅行者：（すみません。）郵便局はどこですか。家族へのはがきがあるのです。
大地：わかりました。ええと。わたしたちはここ、この広場にいます。まっすぐ２ブロック進んでください。右に曲がってください。ほんの少しまっすぐ進んでください。左側に見えます。
（旅行者：どうもありがとうございます。）

## Let's Listen 1

教科書 p.52

Sophia：Excuse me. Where are the monkeys?
Staff：Go straight for two blocks.
Turn right. Go straight for a little bit.
You can see the monkeys on your
right.
Sophia：Thank you very much!
Staff：You're welcome!

ソフィア：すみません。サルはどこですか。
スタッフ：まっすぐ2ブロック進んでください。
右に曲がってください。ほんの少し
まっすぐ進んでください。右側にサ
ルが見えます。
ソフィア：どうもありがとうございます！
スタッフ：どういたしまして！

## Let's Listen 2

教科書 p.52

Sophia and Saki：Wow! So many monkeys!
Lucas：Oh, look at the monkeys under the
tree. They're sleeping.

ソフィアと早紀：わあ！とてもたくさんのサル！
ルーカス：おや、木の下にいるサルを見てくだ
さい。彼らは眠っています。

## Let's Watch 2

教科書 p.53

Jessica：(Sounds wonderful!) What do
you have in your town?
Sophia：We have movie theaters, shops,
and a nice stadium . . . (and
tomorrow, I am going to the zoo
with my friends!)

ジェシカ：（すばらしいですね！）あなたの町に
は何がありますか。
ソフィア：映画館、お店、そしてすてきなスタ
ジアム…（そして明日、友達と動物
園に行きます！）

## Let's Listen 3

教科書 p.53

Sophia：Hi, Jessica. This is my classmate,
Saki.
Saki：Hello, Jessica! I'm Saki. Nice to meet
you!
Jessica：Hi, Saki! Nice to meet you, too.
Saki：I want to know about your town.
What do you have in your town?
Jessica：We have a nice zoo. You can hold
koalas there.
Saki：Oh, really? Anything else?
Jessica：We have a nice library and a
beach, too. We can go swimming

ソフィア：こんにちは、ジェシカ。こちらはわ
たしのクラスメートの早紀です。
早紀：こんにちは、ジェシカ！わたしは早紀です。
はじめまして！
ジェシカ：こんにちは、早紀！こちらこそ、は
じめまして。
早紀：わたしはあなたの町のことを知りたいで
す。あなたの町には何がありますか。
ジェシカ：すてきな動物園があります。そこで
はコアラを抱くことができます。
早紀：まあ、本当？他には？
ジェシカ：すてきな図書館と浜辺もあります。

there.
Saki : How about an airport?
Jessica : Yes. We have a small airport.
Airplanes come here every day.
Saki : Wow. That's nice.

わたしたちはそこで泳ぐことができます。
早紀：空港はありますか。
ジェシカ：はい。小さな空港があります。ここ
には飛行機が毎日飛んできます。
早紀：わあ。それはいいですね。

## Your Goal

教科書 p.55

Deepa : Hello.
Genki : Hello.
Deepa : What do you have in your town?
Genki : We have a nice park. We can walk
dogs there.
Deepa : Really? Where is the park?
Genki : Go straight for one block.
Deepa : Pardon?
Genki : Go straight for one block. Turn
right. You can see it on your left.
Deepa : Oh, I see. Your park is in space C.
Genki : Yes.

ディーパ：こんにちは。
元気：こんにちは。
ディーパ：あなたの町には何がありますか。
元気：すてきな公園があります。そこではイヌ
を散歩させることができます。
ディーパ：本当？公園はどこですか。
元気：まっすぐ１ブロック進んでください。
ディーパ：もう一度お願いします。
元気：まっすぐ１ブロック進んでください。右
に曲がってください。左側に見えます。
ディーパ：ああ、わかりました。あなたの公園
はスペース C です。
元気：そうです。

## Over the Horizon

教科書 pp.58-59

p.58 文化探検
Look at these pictures. Where are these
signs? What do you think?

p.58 文化探検
これらの写真を見てください。これらの標識は
どこにありますか。あなたはどう思いますか。

p.58 フカボリ！
Look at this symbol and guess.
Thinking time.
The answer is a picnic area.

p.58 フカボリ！
この記号を見て、そして当ててみて。
考える時間です。
答えはピクニックエリアです。

p.59 日本探検　広島県、フェルナンド・ロペズ
さん
Hanzo : Let's go to the Chugoku Area!

Mr. Lopez : Hello. Welcome to Hiroshima
City! I'm Fernando Lopez. Nice
to meet you.

p.59 日本探検

半蔵：中国地方に行きましょう！

ロペズさん：こんにちは。広島市へようこそ！
わたしはフェルナンド・ロペズで
す。はじめまして。

Hanzo：Hello. I'm Hanzo. Nice to meet you, too.
Oh, I'm sorry . . . .
Mr. Lopez：Are you hungry? I'm an *okonomiyaki* chef.
Would you like to have lunch at my restaurant?
Hanzo：Sure! Thank you, Mr. Lopez!
Mr. Lopez：My pleasure. Let's go.
Mr. Lopez：We go straight for four blocks, turn left, you can see it on your right.
Hanzo：Oh! "Lopez." That's your name!
Mr. Lopez：That's right. It's my restaurant. Please come in.

Hanzo：Mm . . . . It smells so good!

Hanzo：Uh? What's that?

Mr. Lopez：Here. This is for you.
Hanzo：Oh! Thank you.
Mm . . . . This is very good! And it's a little spicy. What is that?
Mr. Lopez：This is a jalapeño pepper.
I'm from Guatemala.
Guatemala is here.
People in Guatemala love jalapeño peppers.
Hanzo：Jalapeño peppers. I like them!

Hanzo：Why do you like *okonomiyaki*, Mr. Lopez?
Mr. Lopez：*Okonomiyaki* is delicious. People enjoy eating *okonomiyaki*. They can have a good time in my restaurant. *Okonomiyaki* is a wonderful local food in Hiroshima. Please come to Hiroshima, and try my *okonomiyaki*. See you!
Hanzo：See you!

半蔵：こんにちは。わたしは半蔵です。こちらこそ、はじめまして。（お腹のなる音）
ああ、ごめんなさい…。
ロペズさん：あなたはお腹がすいていますか。わたしはお好み焼きのシェフです。わたしのレストランで昼食をいかがですか。
半蔵：もちろん！ありがとう、ロペズさん！
ロペズさん：どういたしまして。行きましょう。
ロペズさん：まっすぐ４ブロック進んで、左に曲がると右側に見えます。
半蔵：ああ！「ロペズ」。あなたの名前です！
ロペズさん：その通りです。わたしのレストランです。どうぞお入りください。

半蔵：うーん。とてもよいにおいがします。

半蔵：あっ。それは何ですか。

ロペズさん：どうぞ。これはあなたのです。
半蔵：おお！ありがとう。
うーん。とてもおいしいです！そして少しぴりっと辛いです。それは何ですか。
ロペズさん：これはハラペーニョペッパーです。わたしはグアテマラの出身です。グアテマラはここです。グアテマラの人々はハラペーニョペッパーが大好きです。
半蔵：ハラペーニョペッパー。わたしは好きです！

半蔵：ロペズさん、どうしてお好み焼きが好きなのですか。
ロペズさん：お好み焼きはおいしいです。人々はお好み焼きを食べることを楽しみます。彼らはわたしのレストランで楽しい時間を過ごせます。
お好み焼きは広島のすばらしい地元の食べ物です。どうぞ広島に来て、そしてわたしのお好み焼きを食べてみてください。さようなら！
半蔵：さようなら！

## Listen and Think

教科書 pp.62-6?

### No.1

Server : Hello and welcome.
　　　　Would you like an English menu?
Grandma : Oh! Yes, please.
Server : Here you are.
Grandpa and Grandma : Thank you.
Grandma : What do you want, Sophia?
Sophia : I want a beef bowl.
　　　　Beef is very popular in this area.
Grandma : Oh! Sounds nice.

### No.2

Server : What would you like?
Grandma : I'd like a beef bowl and orange
　　　　juice.
Oliver : Nice choice, Grandma.
Server : How about you, sir?
Grandpa : I'd like fried noodles and green
　　　　tea.
Server : Sure.

### No.3

Oliver : How is your beef bowl, Grandma?
Grandma : It's delicious!
　　　　How are the fried noodles,
　　　　Oliver?
Oliver : A little spicy, but delicious.
Grandma : Good.

### No.4

Grandpa : Thank you very much. How
　　　　much is it?
Cashier : One set is 980 yen. So, here is
　　　　your total.
Grandpa : OK, here you are.
Cashier : Thank you. Have a nice day.
Grandpa : You, too.

### No.1

給仕人：こんにちは、ようこそ。英語のメニュー
　　　　はいかがですか。
おじいさん：おお！はい、お願いします。
給仕人：はい、どうぞ。
おじいさんとおばあさん：ありがとう。
おばあさん：ソフィア、何にしますか。
ソフィア：わたしは牛丼にします。この地域で
　　　　は牛肉がとても人気があります。
おばあさん：まあ！いいですね。

### No.2

給仕人：何になさいますか。
おばあさん：牛丼とオレンジジュースをお願い
　　　　します。
オリバー：いい選択だね、おばあさん。
給仕人：お客様はどうなさいますか。
おじいさん：焼きそばと緑茶をお願いします。
給仕人：かしこまりました。

### No.3

オリバー：おばあさん、牛丼はどうですか。
おばあさん：とてもおいしいです！その焼きそ
　　　　ばはどうですか、オリバー。
オリバー：少しからいけど、とてもおいしいです。
おばあさん：よかった。

### No.4

おじいさん：どうもありがとう。いくらですか。
レジ係：1セットが980円です。ですから、合
　　　　計はこちらです。
おじいさん：わかりました、はい、どうぞ。
レジ係：ありがとうございました。よい一日を
　　　　お過ごしください。
おじいさん：あなたもね。

## Watch and Think

教科書 p.63

Carlos : Olá! I'm Carlos Costa. I'm Lucas's
　　　　father.

カルロス：オラ！わたしはカルロス・コスタです。
　　　　わたしはルーカスの父親です。あな

Do you like beans? This is feijoada, Brazilian black bean stew.
The word "feijao" means beans in Portuguese.
You know? In Brazil, we speak Portuguese.
Feijoada is a popular dish from Brazil. We eat it with rice, like this.
Lucas and I love it!
Tell me your favorite local food! I want to try it! Tchau!

たは豆が好きですか。これはフェイジョアーダ、ブラジルの黒い豆のシチューです。「feijao」という言葉は、ポルトガル語で豆を意味します。知っていますよね？ブラジルでは、ポルトガル語を話します。フェイジョアーダはブラジルの人気のある料理です。このようにご飯と一緒に食べます。ルーカスとわたしはこれが大好きです。あなたのお気に入りの地元の食べ物を教えてください！わたしはそれを試してみたいです！チャオ！

## Let's Watch 1

教科書 p.64

Server：What would you like?
Grandma：I'd like a beef bowl and orange juice.
(Oliver：Nice choice, Grandma.)

給仕人：何になさいますか。
おばあさん：牛丼とオレンジジュースをお願いします。
(オリバー：いい選択だね、おばあさん。)

## Let's Listen 1

教科書 p.64

No.1
Server：What would you like?
Sophia：I'd like a beef bowl. And I'd like ice cream for dessert.
Server：OK, a beef bowl and ice cream.
No.2
Server：How about you? What would you like?
Oliver：I'd like fried noodles.
Server：Anything else for you? How about a side dish?
Oliver：Let me see . . . . Corn soup, please.
Server：Certainly.
No.3
Server：What would you like, ma'am?
Ruby：I'd like a tuna bowl.

No.1
給仕人：何になさいますか。
ソフィア：牛丼をお願いします。それからデザートにアイスクリームをお願いします。
給仕人：はい、牛丼とアイスクリームですね。
No.2
給仕人：あなたはいかがですか。何になさいますか。
オリバー：焼きそばをお願いします。
給仕人：他に何かございますか。サイドディッシュはいかがですか。
オリバー：ええと…。コーンスープをください。
給仕人：承知しました。
No.3
給仕人：お客様、何になさいますか。
ルビー：ツナボウルをお願いします。

| | |
|---|---|
| Server : Would you like something to drink? | 給仕人：何かお飲み物はいかがでしょうか。 |
| Ruby : Well, . . . green tea, please. Excuse me, can I ask a question? | ルビー：そうね…緑茶をください。すみません、質問してもいいですか。 |
| Server : Of course. | 給仕人：もちろんです。 |
| Ruby : How do you say "tuna bowl" in Japanese? | ルビー：「ツナボウル」は日本語でどう言いますか。 |
| Server : We say "*tekka don*." | 給仕人：「鉄火丼」と言います。 |
| Ruby : *Tekka don*. I see. Thanks. | ルビー：鉄火丼。そうですか。ありがとう。 |
| Server : My pleasure. | 給仕人：どういたしまして。 |

**Let's Watch 2**  教科書 p.65

| | |
|---|---|
| Grandpa : (Thank you very much.) How much is it? | おじいさん：（どうもありがとう。）いくらですか。 |
| Cashier : One set is 980 yen. (So, here is your total.) | レジ係：1セットが980円です。（ですから、合計はこちらです。） |

**Let's Listen 2**  教科書 p.65

**No.1**

| | |
|---|---|
| Sophia : How much is this donut? | ソフィア：このドーナツはいくらですか。 |
| Baker : It's 200 yen. | パン焼き職人：200円です。 |
| Sophia : OK. I want one please. | ソフィア：それでは。1つください。 |
| Baker : Here you are. | パン焼き職人：はい、どうぞ。 |
| Sophia : Thank you. | ソフィア：ありがとう。 |

**No.2**

| | |
|---|---|
| Sophia : How much is this apple? | ソフィア：このリンゴはいくらですか。 |
| Grocer : It's 120 yen. | 食料雑貨店員：120円です。 |
| Sophia : One hundred and twenty yen? OK, three apples, please. | ソフィア：120円？それでは、3個ください。 |
| Grocer : OK. Three hundred and sixty yen, please. | 食料雑貨店員：はい。360円、お願いします。 |
| Sophia : Here you are. | ソフィア：はい、どうぞ。 |
| Grocer : Thank you. | 食料雑貨店員：ありがとうございます。 |

**No.3**

| | |
|---|---|
| Sophia : I want this big, orange flower. How much is it? | ソフィア：わたしはこの大きい、オレンジの花がほしいです。いくらですか。 |
| Florist : It's 400 yen. | 生花店員：400円です。 |

Sophia : I see. How about this pink flower?

Florist : Let me see. It's 290 yen.

Sophia : OK. Then, one orange and two pink flowers, please.

Florist : The total is 980 yen.

Sophia : Here you are.

Florist : OK. Your change is 20 yen.

Sophia : Twenty yen. Thank you.

Florist : You're welcome. Please come again.

ソフィア：そうですか。このもも色の花はどうですか。

生花店員：えっと…。290円です。

ソフィア：わかりました。それでは、オレンジの花を1つと、もも色の花を2つください。

生花店員：合計は980円です。

ソフィア：はい、どうぞ。

生花店員：はい。おつりは20円です。

ソフィア：20円。ありがとうございます。

生花店員：どういたしまして。またお越しくださいね。

---

### Your Goal

教科書 p.67

Genki, Akina, and Deepa : Thank you for coming. This is Shizuoka Restaurant. What would you like?

Itsuki : Well . . . .

Deepa : Grilled eel is very popular in Shizuoka!

Akina : Fujinomiya fried noodles are good.

Genki : Gyoza is delicious!

Itsuki : I see. Well, I'd like grilled eel and green tea. A grilled eel lunch, please.

Deepa : Thank you!

Itsuki : How much is it?

Deepa : Let me see. Nine hundred and eighty yen, please.

Itsuki : Nine hundred and eighty yen? Here you are.

Deepa : OK. Your change is 20 yen. Here you are.

Itsuki : Twenty yen. Thank you.

Deepa : You're welcome. Please come again.

元気、明菜、ディーパ：ご来店ありがとうございます。ここは静岡レストランです。何になさいますか。

樹：ええと…。

ディーパ：ウナギの蒲焼きは静岡ではとても人気があります！

明菜：富士宮焼きそばはおいしいです！

元気：餃子はとてもおいしいです！

樹：なるほど。じゃあ、ウナギの蒲焼きと緑茶をお願いします。ウナギの蒲焼きランチをください。

ディーパ：ありがとう！

樹：いくらですか。

ディーパ：えっと…。980円、お願いします。

樹：980円？はい、どうぞ。

ディーパ：たしかに。20円のお釣りです。はい、どうぞ。

樹：20円。ありがとう。

ディーパ：どういたしまして。また来てください。

## p.68 文化探検

**No.1**

Someone is cooking in the desert. What is that?

It's pizza.

The sand is very very hot. So you can cook pizza in the desert.

**No.2**

Oh, that looks delicious! What is it? Guess.

It's rice pudding.

This pudding has rice in it. It's sweet.

**No.3**

People are getting milk from an animal. Is it a cow?

No. It's a camel.

In Africa and the Middle East, people drink camel milk. It's delicious.

**No.4**

Mm, it's delicious.

## p.68 フカボリ！

It's dinner time!

In Japan, we usually use chopsticks. How about other countries? What do people use?

## p.69 日本探検　佐賀県、徳永ヴェラさん

Hanzo : Let's go to the Kyushu Area!

Hanzo : What is that shop? Let's go inside!

Hanzo : Oh, this is a tea shop!

Ms. Tokunaga : May I help you?

Hanzo : Hello! I'd like some green tea. Do you have green tea?

Ms. Tokunaga : Yes. We have Ureshino tea. Ureshino tea is a traditional tea in Saga.

Hanzo : Can I try some?

## p.68 文化探検

**No.1**

砂漠で料理をしている人がいます。あれは何ですか。

ピザです。砂はとてもとても熱いです。ですから砂漠でピザが作れます。

**No.2**

ああ、おいしそうです！これは何ですか。当ててみて。

これはお米のプリンです。このプリンの中にはお米が入っています。甘いです。

**No.3**

人々が動物からミルクをとっています。乳牛ですか。

いいえ。ラクダです。アフリカや中央アジアでは、人々はラクダのミルクを飲みます。とてもおいしいです。

**No.4**

ううむ、とてもおいしいです。

## p.68 フカボリ！

夕食の時間です！

日本では、わたしたちはたいてい箸を使います。ほかの国々はどうですか。人々は何を使いますか。

## p.69 日本探検

半蔵：九州地方に行きましょう！

半蔵：あの店は何でしょう。中に行きましょう！

半蔵：おや、ここはお茶の店です！

徳永さん：いらっしゃいませ。

半蔵：こんにちは！緑茶をいただきたいです。緑茶はありますか。

徳永さん：はい。嬉野茶があります。嬉野茶は佐賀の伝統的なお茶です。

半蔵：少し飲んでみてもいいですか。

Ms. Tokunaga : Yes, of course!
Hanzo : Thank you!

Ms. Tokunaga : Here you are.
Hanzo : Thank you. Oh . . . ! Mm. It's
     delicious.

Ms. Tokunaga : We also have chamomile
     green tea. I mixed
     Ureshino tea with
     chamomile.
Hanzo : Chamomile? What is chamomile?
Ms. Tokunaga : Chamomile is a kind of
     herb.
     In Slovenia, people drink
     herbal tea every day.
Hanzo : Are you from Slovenia?
Ms. Tokunaga : Yes, I am. My name is
     Tokunaga Vera.
     Dober dan! Dober dan
     means "hello" in Slovenian.
Hanzo : Oh, I see.
Ms. Tokunaga : Slovenia is in Central
     Europe. Slovenia is famous
     for skiing.
Hanzo : Wow.

Ms. Tokunaga : How is the chamomile
     green tea?
Hanzo : It's delicious! And it smells
     wonderful!

Ms. Tokunaga : How about you? Would
     you like some green tea?

徳永さん：はい、もちろん！
半蔵：ありがとうございます！

徳永さん：はい、どうぞ。
半蔵：ありがとう。ああ…！うん。とてもおい
     しいです。

徳永さん：カモミール緑茶もあります。わたし
     は嬉野茶とカモミールを混ぜました。
半蔵：カモミール？カモミールとは何ですか。
徳永さん：カモミールはハーブの一種です。ス
     ロベニアでは、人々はハーブのお茶
     を毎日飲みます。
半蔵：あなたはスロベニアの出身ですか。
徳永さん：はい、そうです。わたしの名前は徳
     永ヴェラです。ドーブル ダン！ドー
     ブル ダンはスロベニア語で「こんに
     ちは」の意味です。
半蔵：へえ、そうなのですね。
徳永さん：スロベニアは中央ヨーロッパにあり
     ます。スロベニアはスキーで有名です。
半蔵：わあ。

徳永さん：カモミール緑茶はどうですか。
半蔵：とてもおいしいです！そしてすばらしい
     香りがします。

徳永さん：（視聴者に向かって）あなたはどうで
     すか。緑茶はいかがですか。

Listen and Think

教科書 pp.74-7

### No.1

Ms. Baker : I want to take a trip in Japan. Where do you want to go in Japan?

Daichi : I want to go to Hirosaki in spring.

Ms. Baker : Why do you want to go to Hirosaki?

Daichi : I want to see the Cherry Blossom Festival. It's beautiful.

Ms. Baker : That sounds nice.

### No.2

Ms. Baker : How about you, Saki?

Saki : I want to go to Oze National Park. I want to go hiking with my family! I want to see the beautiful flowers in summer.

Ms. Baker : Great!

### No.3

Ms. Baker : Where do you want to go, Lucas?

Lucas : I want to go to Hokkaido.

Ms. Baker : Why do you want to go to Hokkaido?

Lucas : I want to go to Lake Toyoni. It looks like a heart. The trees are so colorful!

Ms. Baker : Oh. That sounds romantic.

### No.4

Ms. Baker : Sophia, how about you?

Sophia : I want to go to Shirakawa Village.

Ms. Baker : Shirakawa Village?

Sophia : Shirakawa Village is in Gifu.

Ms. Baker : Oh, I see. Why do you want to go to Shirakawa Village?

Sophia : I like old Japanese houses. In winter, the village is covered with snow. Everything is white. So it's very beautiful.

Ms. Baker : How nice!

Sophia : And I want to eat Hida Beef!

### No.1

ベーカー先生：わたしは日本を旅行したいです。あなたは日本のどこに行きたいですか。

大地：わたしは春の弘前に行きたいです。

ベーカー先生：あなたはどうして弘前に行きたいのですか。

大地：わたしはさくらまつりを見たいです。美しいです。

ベーカー先生：それはいいですね。

### No.2

ベーカー先生：あなたはどうですか、早紀。

早紀：わたしは尾瀬国立公園に行きたいです。わたしは家族とハイキングに行きたいです。わたしは夏に美しい花々を見たいです。

ベーカー先生：すばらしい！

### No.3

ベーカー先生：あなたはどこに行きたいですか、ルーカス。

ルーカス：わたしは北海道に行きたいです。

ベーカー先生：あなたはどうして北海道に行きたいのですか。

ルーカス：わたしは豊似湖に行きたいです。それはハートの形に見えます！木々はとても色彩豊かです！

ベーカー先生：ああ。それはロマンティックですね。

### No.4

ベーカー先生：ソフィア、あなたはどうですか。

ソフィア：わたしは白川郷に行きたいです。

ベーカー先生：白川郷？

ソフィア：白川郷は岐阜にあります。

ベーカー先生：ああ、そうですか。あなたはどうして白川郷に行きたいのですか。

ソフィア：わたしは古い日本の家が好きです。冬になると、村は雪で覆われます。全てが白です。本当にとても美しいです。

ベーカー先生：何てすてきでしょう！

ソフィア：そしてわたしは飛騨牛が食べたいです。

## Watch and Think

教科書 p.75

| Ms. Baker : | Hello, everyone!<br>I want to go to Iwate. I want to buy a teapot like this one. This is Nambu Tekki. It's traditional ironware from Iwate.<br>The traditional color is black. But now, you can buy many beautiful colors.<br>Nambu Tekki is very popular in Asia, America, and Europe.<br>I want to buy a green teapot!<br>OK, it's your turn. Where do you want to go in Japan? | ベーカー先生：こんにちは。みなさん！わたしは岩手に行きたいです。わたしはこのような急須（ティーポット）を買いたいです。これは南部鉄器です。岩手産の伝統的な鉄製品です。伝統的な色は黒です。でも今は、たくさんの美しい色のものを買うことができます。南部鉄器はアジア、アメリカ、そしてヨーロッパでたいへん人気があります。わたしは緑の急須を買いたいです！それでは、あなたの番です。日本のどこに行きたいですか。 |

## Let's Watch

教科書 p.76

Ms. Baker : Where do you want to go in Japan?
Daichi : I want to go to Hirosaki in spring.
Ms. Baker : Why do you want to go to Hirosaki?
Daichi : I want to see the Cherry Blossom Festival. It's beautiful.

ベーカー先生：あなたは日本のどこに行きたいですか。
大地：わたしは春の弘前に行きたいです。
ベーカー先生：あなたはどうして弘前に行きたいのですか。
大地：わたしはさくらまつりを見たいです。美しいです。

## Let's Listen 1

教科書 p.76

Sophia : Mom, let's go somewhere next holiday!
Ruby : Sounds good! I want to go to Hakodate.
Sophia : Hakodate? Why?
Ruby : I want to go to Fort Goryokaku. It looks like a star. And I want to eat crab, too!
Sophia : That sounds interesting!

ソフィア：お母さん、次の休日にどこかに行きましょう！
ルビー：いいですね！わたしは函館に行きたいです。
ソフィア：函館？どうして？
ルビー：わたしは五稜郭に行きたいです。それは星のように見えます。そしてカニも食べたいです。
ソフィア：おもしろそうですね！

**No.1**

Commercial : In summer, you can swim in the beautiful sea in Okinawa. You can eat *goya champuru*. It's healthy and delicious! Please come to Okinawa!

Kevin : Oh, I want to eat *goya champuru*.

**No.2**

Commercial : Is this the sea? No, it's a sea of flowers. Sky blue nemophila flowers. Visit Hitachi in May!

Kevin : It's beautiful! I want to go there.

**No.3**

Commercial : Wear a yukata! And take a sand bath! You can relax in the sand. Please come to Ibusuki and enjoy a sand bath!

Kevin : Wow! I want to take a bath in the sand!

**No.1**

コマーシャル : 夏には、沖縄の美しい海で泳ぐことができます。ゴーヤチャンプルーが食べられます。健康によくておいしいです！どうぞ沖縄に来てください！

ケビン : ああ、わたしはゴーヤチャンプルーが食べたいです。

**No.2**

コマーシャル : これは海でしょうか。いいえ、花の海です。空色のネモフィラの花です。5月の常陸を訪れてください！

ケビン : 美しいです。わたしはそこに行きたいです。

**No.3**

コマーシャル : 浴衣を着てください！そして砂風呂に入ってください！砂の中でくつろげます。どうぞ指宿に来て、そして砂風呂を楽しんでください！

ケビン : わあ！わたしは砂の風呂に入りたいです！

♪ Welcome to Japan! Welcome to Japan! *Yokoso! Yokoso!* Welcome to Japan! ♪

Brian, Nanami, and Akina : Let's go to the Kanto Area!

Brian : Where do you want to go in Japan?

Nanami : I want to go to Yokohama.

Akina : Why do you want to go to Yokohama?

Nanami : I want to see Chinatown. It's very colorful. I want to eat lunch there.

Brian : Sounds nice!

Nanami : Where do you want to go?

♪ようこそ日本へ！ようこそ日本へ！ようこそ！ようこそ！ようこそ日本へ！♪

ブライアン、七海、明菜 : 関東地方へ行きましょう！

ブライアン : あなたは日本のどこに行きたいですか。

七海 : わたしは横浜に行きたいです。

明菜 : どうして横浜に行きたいのですか。

七海 : わたしは中華街が見たいです。とても色あざやかです！わたしはそこで昼食を食べたいです。

ブライアン : いいですね！

七海 : あなたはどこに行きたいですか。

Brian : I want to go to Maebashi . . . .
Brian, Nanami, and Akina : Thank you for listening.

ブライアン：わたしは前橋に行きたいです。（…以下略）
ブライアン、七海、明菜：聞いてくれてありがとう。

## Over the Horizon

教科書 pp.80-81

**p.80 文化探検**

Look at these two paintings.
On the left is *Portrait of Père Tanguy*, タンギー爺さんの肖像 in Japanese.
It is by Vincent van Gogh.
On the right is *La Japonaise*. It is by Claude Monet. It's beautiful!
In the Meiji Era, Japanese culture was very popular in Europe. This was called "Japanism."
You can see many Japanese things in these paintings. How many can you find?

**p.80 文化探検**

この２つの絵を見てください。左が Portrait of Père Tanguy、日本語ではタンギー爺さんの肖像です。これはフィンセント・ファン・ゴッホによるものです。
右がラ・ジャポネーズです。これはクロード・モネによるものです。美しいです。
明治時代に、日本の文化はヨーロッパでたいへん人気がありました。それは「ジャポニズム」と呼ばれました。
この絵の中に多くの日本のものを見ることができます。あなたはいくつ見つけられますか。

**p.80 フカボリ！**

This is the Japan Expo in France. Many anime fans are here.
People are playing *shogi* and *igo*, and doing martial arts in other areas.
Japanese culture is popular in France.

**p.80 フカボリ！**

これはフランスでのジャパンエキスポです。多くのアニメファンがここにいます。
別のエリアでは、人々が将棋と囲碁、武道をしています。日本の文化はフランスで人気があります。

**p.81 日本探検　東京都、エリカ・エビサワ・クスワンさん**

Hanzo : Let's go to the Kanto Area!

Erika : Hi! Selamat siang! I'm Erika from Indonesia.
My mother is Japanese. Nice to meet you.
Hanzo : Hi! I'm Hanzo. Nice to meet you, too.
Erika : Wow. Your costume is cool! *Kakkoii!*

**p.81 日本探検**

半蔵：関東地方に行きましょう。

エリカさん：こんにちは！スラマッシアン！わたしはインドネシア出身のエリカです。わたしのお母さんは日本人です。はじめまして。
半蔵：こんにちは！わたしは半蔵です。こちらこそ、はじめまして。
エリカさん：わあ。あなたの服装はかっこいいです！かっこいい！

Hanzo : Oh, thank you! Are you making a video?

Erika : Yes! I'm a YouTuber. I have many Indonesian fans!

Hanzo : So you are popular in Indonesia. Cool!

Erika : I have many videos about Japanese culture.

Hanzo : Wow. They look so interesting!

Erika : Look! This video is about my trip to Fukuoka. I went to Fukuoka with my friend. This is Miyajidake Shrine. We can get power there.
And this is Asakusa in Tokyo. I love kimonos and *ichigo daifuku*.

Hanzo : Wow. You look happy in your kimono!

Hanzo : Where do you want to go next?

Erika : I want to go to Yamanashi. I want to see the beautiful lakes and Mt. Fuji.

Hanzo : Me, too! I want to go, too!

Erika : Great! Come with me! Traveling is fun!

**p.81 ことば探検**

**No.1**

A : Look. This man is very big.

B : Yes. He is a Japanese sumo wrestler!

A : Cool!

**No.2**

A : Where do you want to go?

B : Well, . . . I have no idea. Do you have any ideas?

A : How about karaoke? I want to sing some songs with you.

B : Great! Let's go.

半蔵：おお、ありがとう！あなたは動画を作っているのですか。

エリカさん：はい！わたしはユーチューバーです。たくさんのインドネシア人のファンがいます！

半蔵：つまりあなたはインドネシアでは人気があるのですね。かっこいい！

エリカさん：たくさんの日本の文化についての動画があります。

半蔵：わあ。とてもおもしろそうです！

エリカさん：見てください！この動画は福岡への旅行についてです。わたしは友達と福岡へ行きました。これは宮地嶽神社です。わたしたちはここで力を得ることができます。
そしてこれは東京の浅草です。わたしは着物といちご大福が大好きです。

半蔵：わあ。あなたは着物を着て幸せそうです！

半蔵：あなたは次はどこへ行きたいですか。

エリカさん：わたしは山梨に行きたいです。わたしは美しい湖と富士山が見たいです。

半蔵：わたしもです！わたしも行きたいです！

エリカさん：すてき！一緒に来てください！旅行は楽しいです！

**p.81 ことば探検**

**No.1**

A：見て。この男性はとても大きいです。

B：そうですね。彼は日本の相撲力士です！

A：かっこいい！

**No.2**

A：あなたはどこに行きたいですか。

B：うーん…思い浮かびません。何か案がありますか。

A：カラオケはどうですか。わたしはあなたと何曲か歌いたいです。

B：すばらしい！行きましょう。

## Listen and Think

**No.1**

Sophia : Mom, my head is hot . . . .
Ruby : Really? Oh, you have a fever.
　　　　Sit down on the sofa. Now take this
　　　　medicine.

**No.2**

Saki : Are you all right?
Sophia : I'm OK now. Thanks.
Lucas : Did you watch the soccer game
　　　　last night?
　　　　My father got the winning goal.
　　　　My father is a hero!

**No.3**

Mr. Oishi : Make presentations about your
　　　　heroes.
　　　　Ms. Baker, can you start?
　　　　Who is your hero?
Ms. Baker : My hero is Kadono Eiko.
　　　　She is a writer.
　　　　Her stories are wonderful.
　　　　*Kiki's Delivery Service* is my
　　　　favorite story.
Saki : *Kiki's Delivery Service*?
Ms. Baker : Yes. Well, it's *Majo no
　　　　Takkyubin* in Japanese.
Saki : I see. I love it, too!

**No.4**

Mr. Oishi : Sophia, it's your turn. Who is
　　　　your hero?
Sophia : My hero is my mother. She is a
　　　　smart researcher. She is good at
　　　　cooking. She is very kind.
Mr. Oishi : OK. Good job!

**No.1**

ソフィア：お母さん、頭が熱い…。
ルビー：本当？あら、熱がありますね。ソファー
　　　　に座りなさい。さあ、この薬を飲みな
　　　　さい。

**No.2**

早紀：大丈夫ですか。
ソフィア：今はもう元気です。ありがとう。
ルーカス：昨晩はサッカーの試合を見ましたか。
　　　　わたしのお父さんが決勝ゴールを決
　　　　めました。お父さんはあこがれの人
　　　　です！

**No.3**

大石先生：あなたのあこがれの人についての発
　　　　表をしてください。ベーカー先生、
　　　　始められますか。あなたのあこがれ
　　　　の人は誰ですか。
ベーカー先生：わたしのあこがれの人は角野栄
　　　　子です。彼女は作家です。彼女
　　　　の物語はすばらしいです。*Kiki's
　　　　Delivery Service* はわたしのお
　　　　気に入りの物語です。
早紀：*Kiki's Delivery Service* ？
ベーカー先生：はい。ええと、日本語では『魔
　　　　女の宅急便』です。
早紀：なるほど。わたしも大好きです！

**No.4**

大石先生：ソフィア、あなたの番です。あなた
　　　　のあこがれの人は誰ですか。
ソフィア：わたしのあこがれの人はお母さんで
　　　　す。彼女は賢い研究者です。彼女は
　　　　料理が得意です。彼女はとても優し
　　　　いです。
大石先生：いいですね。よくできました！

## Watch and Think

Mr. Oishi : This is my friend Haoran. He is
　　　　in China now.

大石先生：こちらはわたしの友達のハオランで
　　　　す。彼は今中国にいます。彼は料理

He is good at cooking. He is a cook in a Chinese restaurant. His restaurant is very popular in China. His dishes are spicy but delicious!
He is my hero. OK, it's your turn. Who is your hero? Tell me about your hero!

が得意です。彼は中国料理店のコックです。彼の料理店は中国ではとても人気があります。彼の料理はぴりっと辛いですがとてもおいしいです。彼はわたしのあこがれの人です。さあ、あなたの番です。あなたのあこがれの人は誰ですか。あなたのあこがれの人について教えてください。

## Let's Watch

教科書 p.86

Mr. Oishi：(Sophia, it's your turn.)
　　　　　Who is your hero?
Sophia：My hero is my mother.
　　　　She is a smart researcher.
　　　　She is good at cooking. She is very kind.
Mr. Oishi：(OK. Good job!)

大石先生：(ソフィア、あなたの番です。) あなたのあこがれの人は誰ですか。
ソフィア：わたしのあこがれの人はお母さんです。彼女は賢い研究者です。彼女は料理が得意です。彼女はとても優しいです。
大石先生：(いいですね。よくできました！)

## Let's Listen 1

教科書 p.86

### No.1
Sophia：Oliver, Mom. Please tell me about your hero.
Ruby：My hero is Tsujii Nobuyuki.
Sophia：Why is he your hero?
Ruby：He is a great pianist. I love his music.

### No.1
ソフィア：オリバー、お母さん。あなた達のあこがれの人について教えてください。
ルビー：わたしのあこがれの人は辻井伸行です。
ソフィア：なぜ彼があなたのあこがれの人なのですか。
ルビー：彼は偉大なピアニストです。わたしは彼の音楽が大好きです。

### No.2
Ruby：How about you, Oliver?
Oliver：Well, my hero is Takayama Minami.
Ruby：Why is she your hero?
Oliver：She is a voice actor. Her voice is so cool.
Sophia：I see. Thank you.

### No.2
ルビー：あなたはどうですか、オリバー。
オリバー：ええと、わたしのあこがれの人は高山みなみです。
ソフィア：なぜ彼女があなたのあこがれの人なのですか。
オリバー：彼女は声優です。彼女の声はとてもかっこいいです。
ソフィア：そうですか。ありがとう。

Oliver：How about asking Dad?
Sophia：That's a good idea!
No.3
Sophia：Hi, Dad! How are you?
Kevin：Good! How about you?
Sophia：Great! Dad, I want to know about your hero.
Kevin：OK. Do you know Hachimura Rui?
Sophia：He is a basketball player, right?
Kevin：Yes. He is a great player. He is my hero.
Sophia：I see. Thank you, Dad!
Kevin：You're welcome!

オリバー：お父さんに尋ねるのはどうですか。
ソフィア：それはよい考えです！
No.3
ソフィア：こんにちは、お父さん！ごきげんいかがですか。
ケビン：いいです！あなたはどうですか。
ソフィア：とてもいいです！お父さん、あなたのあこがれの人について知りたいです。
ケビン：わかった。あなたは八村塁を知っていますか。
ソフィア：彼はバスケットボール選手ですよね。
ケビン：そうです。彼は偉大な選手です。彼はわたしのあこがれの人です。
ソフィア：そうですか。ありがとう、お父さん！
ケビン：どういたしまして！

## Let's Listen 2

教科書 p.87

No.1
Ms. Baker：OK. Tell us about your hero, Lucas.
Lucas：My hero is my father. He is a soccer player. He is good at running.
He can run 15 kilometers in one match. He is very active.
Ms. Baker：What's your father's name?
Lucas：Carlos Costa!
Ms. Baker：Thank you. Good job, Lucas!

No.1
ベーカー先生：それでは。あなたのあこがれの人について教えてください、ルーカス。
ルーカス：わたしのあこがれの人はお父さんです。彼はサッカー選手です。彼は走るのが得意です。彼は1試合に15km走ることができます。彼はとても活動的です。
ベーカー先生：あなたのお父さんの名前は何ですか。
ルーカス：カルロス・コスタ！
ベーカー先生：ありがとう。よくできました、ルーカス！

No.2
Mr. Oishi：It's your turn, Saki.
Saki：OK. This is Goto Taiyo. He is my brother.
Mr. Oishi：Why is he your hero?
Saki：Well, he is good at speaking English.

No.2
大石先生：あなたの番です、早紀。
早紀：わかりました。こちらは後藤太陽です。彼はわたしのお兄さんです。
大石先生：なぜ彼があなたのあこがれの人なのですか。

He is very kind. He is my hero.

Mr. Oishi：Do you have any questions?

Sophia：Is he a junior high school student?

Saki：Yes, he is.

Sophia：My brother is a junior high school student, too!

Saki：Oh, really?

早紀：ええと、彼は英語を話すのが得意です。彼はとても優しいです。彼はわたしのあこがれの人です。

大石先生：何か質問はありますか。

ソフィア：彼は中学生ですか。

早紀：はい、そうです。

ソフィア：わたしのお兄さんも中学生です！

早紀：えっ、本当？

## Your Goal

教科書 p.89

Brian：Hello, everyone. Who is your hero? Look at this picture.
My hero is Yamanaka Shinya. He is a famous scientist.
He is a winner of the Nobel Prize.
He is good at running marathons.
He is amazing. Thank you for listening.

Mr. Robinson：Good job!

Deepa：I have a question, Brian. Can he speak English well?

Brian：Yes, he can. He can speak English very well.

ブライアン：こんにちは、みなさん。あなたのあこがれの人は誰ですか。この絵を見てください。わたしのあこがれの人は山中伸弥です。彼は有名な科学者です。彼はノーベル賞の受賞者です。彼はマラソンを走るのが得意です。彼はすばらしいです。聞いてくれてありがとう。

ロビンソン先生：よくできました！

ディーパ：質問があります、ブライアン。彼は英語を上手に話すことができますか。

ブライアン：はい、できます。彼は英語をとても上手に話すことができます。

## Over the Horizon

教科書 pp.90-91

p.90 文化探検

No.1

Do you know this mountain? It's Mt. Everest in Nepal.
Tabei Junko was a mountaineer. She was the first woman to climb to the top.
She was brave. She is my hero.

No.2

My hero is Nakamura Tetsu. He was a doctor. He helped many people in Afghanistan.

p.90 文化探検

No.1

あなたはこの山を知っていますか。ネパールのエベレストです。田部井淳子は登山家でした。彼女は頂上まで登った最初の女性でした。彼女は勇敢でした。彼女はわたしのあこがれの人です。

No.2

わたしのあこがれの人は中村哲です。彼は医者でした。彼はアフガニスタンで多くの人々を助けました。彼は用水路も作りました。乾いた土

He made canals, too. Dry land turned into huge green fields.
His nickname in Afganistan was Kaka Murad, *Nakamura no Ojisan*.
He was great. He is my hero.

## p.90 フカボリ！

Do you know any famous people overseas? Mother Teresa? Thomas Edison? Malala Yousafzai?
Let's talk about them.

## p.91 日本探検　石川県、スザーン・ロスさん

Hanzo : Let's go to the Chubu Area!

Hanzo : This is like old Edo! Oh! This shop looks cool! Hello!

Ms. Ross : Welcome to my gallery.
My name is Suzanne Ross. It's nice to meet you.

Hanzo : I'm Hanzo. It's nice to meet you, too.

Ms. Ross : Everything in this gallery is Wajima-nuri.

Hanzo : Wow! A beautiful box. A nice bowl. And a wonderful necklace.

Ms. Ross : I love Wajima-nuri. It's a traditional Japanese art.
We use urushi to make it. Urushi is beautiful.

Hanzo : Why do you love Wajima-nuri?

Ms. Ross : I'm from London, in the U.K.
I saw urushi works of art at a museum there.
I wanted to see more art in Japan.

Ms. Ross : Look at this picture. This is my favorite urushi art work.
Matsuda Gonroku made this.

---

地は広大な緑地に変わりました。アフガニスタンでの彼の愛称はカカ・ムラド、中村のおじさん、でした。彼は偉大でした。彼はわたしのあこがれの人です。

## p.90 フカボリ！

あなたは誰か海外の有名人を知っていますか。マザー・テレサ？トーマス・エジソン？マララ・ユスフザイ？有名人について話し合いましょう。

## p.91 日本探検

半蔵：中部地方に行きましょう！

半蔵：ここは昔の江戸のようです！おや！この店はかっこよく見えます！こんにちは！

ロスさん：わたしのギャラリーへようこそ。わたしの名前はスザーン・ロスです。はじめまして。

半蔵：わたしは半蔵です。こちらこそ、はじめまして。

ロスさん：このギャラリーのものはすべて輪島塗です。

半蔵：わあ！美しい箱。すてきなお椀。そしてすばらしいネックレス。

ロスさん：わたしは輪島塗が大好きです。伝統的な日本の芸術です。これを作るのに漆を使います。漆は美しいです。

半蔵：どうしてあなたは輪島塗が大好きなのですか。

ロスさん：わたしはイギリスのロンドンの出身です。わたしはそこの博物館で、漆の芸術作品を見ました。わたしはもっと日本の芸術を見たかったのです。

ロスさん：この写真を見てください。これはわたしのお気に入りの漆の芸術作品です。松田権六がこれを作りました。

He is a living national treasure, *ningen kokuho* for urushi. His work is wonderful. I want to be like him. He is my hero.

Hanzo：Oh, I see.

Hanzo：I want to know more about Wajima-nuri and urushi.

Ms. Ross：Great!

Ms. Ross：Please come to Wajima. I hope to see you again.

Hanzo：See you!

彼は生きている国の宝、漆の人間国宝です。彼の作品はすばらしい。わたしは彼のようになりたいです。彼はわたしのあこがれの人です。

半蔵：おお、そうですか。

半蔵：わたしは輪島塗と漆についてもっと知りたいです。

ロスさん：すばらしい！

ロスさん：どうぞ輪島に来てください。わたしはまたあなたに会えることを願います。

半蔵：さようなら！